[英国] 迈克尔·阿林厄姆 著　陆赟 译

选择理论

牛津通识读本·

Choice Theory

A Very Short Introduction

译林出版社

图书在版编目（CIP）数据

选择理论／（英）阿林厄姆（Allingham, M.）著；陆赟译．
南京：译林出版社，2013.5（2023.7重印）
（牛津通识读本）
书名原文：Choice Theory: A Very Short Introduction
ISBN 978-7-5447-2965-9

Ⅰ.①选… Ⅱ.①阿… ②陆… Ⅲ.①选择学 Ⅳ.①C934

中国版本图书馆 CIP 数据核字（2012）第 133373 号

著作权合同登记号 图字：10-2014-197 号

选择理论 ［英国］迈克尔·阿林厄姆 ／ 著 陆 赟 ／ 译

责任编辑 何本国
责任印制 董 虎

原文出版 Oxford University Press, 2002
出版发行 译林出版社
地　　址 南京市湖南路 1 号 A 楼
邮　　箱 yilin@yilin.com
网　　址 www.yilin.com
市场热线 025-86633278
排　　版 南京展望文化发展有限公司
印　　刷 江苏凤凰通达印刷有限公司
开　　本 890 毫米 × 1260 毫米 1/32
印　　张 8.5
插　　页 4
版　　次 2013 年 5 月第 1 版
印　　次 2023 年 7 月第 13 次印刷
书　　号 ISBN 978-7-5447-2965-9
定　　价 39.00 元

序言

汪丁丁

这本小册子是牛津大学出版社的“极简”系列丛书的一种，极简明，且尽力兼顾学术性和通俗性。遵循这一主旨，它的中译本序，也应极简，例如，五百字。

选择，是生命活动的基本性质之一。极端而言，即便是无意识的行为，只要表现出多样性，就可视为是“选择”的结果——是“自然选择”而不是“理性选择”。自然选择的合理性，可由演化理论得到解释，虽不充分但尚无其他可替代的解释。理性选择的合理性，要由解释者对被解释的行为赋予令人信服的解释。例如，宗教行为的合理性，可由信仰的压倒性力量得到解释，尽管对无信仰者它显得荒谬。

对人类而言，最长期的决定力量只有两类，宗教的和经济的。经济行为的合理性，依行为的个体性和集体性而分为两种，个体选择的理性与集体选择的理性。这本书的图 3，给出以这两种理性为主题的各章之间的联系，可说是关于这本书最重要的心智地图。

在政治经济学领域，对集体选择理性的探讨构成“社会选择”理论的核心议题，引致了一系列“不可能性”定理（参阅这本书的第 6 章“民主与独裁”）。对个体选择理性的探讨构成“新古典经济学”的核心议题,引致了行为的经济学解释(参阅这本书的第 2 章和第 5 章,我建议读者最后再阅读第 3 章和第 4 章)。

目录

前言

阿尔伯特·爱因斯坦是这样来介绍他那本充满智慧的《相对论》的：

> 本书欲尽最大可能，使读者准确深入地了解相对论。这些读者从科学和哲学的一般角度，对相对论颇感兴趣，却苦于无法熟练运用理论物理学中的数学工具。本书假定读者具备能通过大学入学考试的教育水平，并且，尽管本书篇幅短小，读者仍需有足够耐心和毅力。作者本人殚心竭力，试图以最简洁明了的方式来阐述要义…… 愿本书给一些读者带去若干富于启迪的快乐时光！

除了用“选择”替换上面这段话中的“相对论”，用“逻辑”替换“物理”，我找不出更好的方式来表述本书的意图。

选择理论研究的是在符合逻辑的选择模式下所潜藏的推理过程：作出理性行为究竟意味着什么。这一点为何重要？正如亚里士多德提醒我们的：“行为的本原是选择，而选择的本原是欲望和推理……没有智力和性格的结合，好或坏的行为也就不可能存在。”选择理论详尽阐发作出良好行为所需的推理过程，至于同样为这种行为所需的性格则取决于读者你自己。

本书篇幅短小，并非因为它只涵盖了狭小的范围，而是因为它没有详尽无遗地深入所探讨领域的细节。书中提及许多有趣的看点，但多数情况下只提供了寻找这些看点的部分指导：本书更像是导游手册，而非地名索引。许多论据被略去了，或是只作了概述：读者可能喜欢自己来提供，或者补充完整。在书中用“显而易见”这个短语来表述的地方，读者便满可以补充自己的论据。书末的注释标示了哪里可以找到帮助，同时也提醒了一些难点，即使是那些极为勇敢的探索者，试图克服这些难点也是不明智的。书中还提出了一些开放性问题和悖论，但没有解决。不过书里给出了一些指导意见，可以帮助读者自己找到解决办法：读者必须在这些问题上持有自己的观点。

我要感谢牛津大学出版社的谢利·考克斯，她建议我写作本书，并对手稿提出了意见。感谢我的家人和朋友，他们同样提出许多意见。我还要感谢锡耶纳大学提供了一个理想的环境，使我得以思考这些根本的内容。最后感谢摩德林学院给了我一段假期，得以将想法写成文字。

第一章
选择与欲望

> 选择生活。选择工作。选择职业生涯。选择家庭。选择大彩电，选择洗衣机、汽车、CD 播放机和电动开罐器。选择健康、低胆固醇和牙科保险。选择固定利率抵押还贷。选择人生第一套房子。选择你的朋友。选择休闲装和相配的行李。选择分期付款买一套三件套的家具…… 选择你的未来。选择人生。
>
> 但为什么我要做那样的事？我选择不去选择人生：我选择其他的事。理由？没有理由。谁需要理由？

这是电影《猜火车》开头的画外音。但这个叫瑞顿的小伙子，他的选择是否合理？他选择“其他事”，而不是“人生”，这是他自己的想法：尽管我和你可能不会这样选，这样的选择本身并不是非理性的。正如人们所说，爱好不容争辩[①]。但瑞顿号称这样选择没有理由却是另一回事。正如语言所暗示，并且我们

① 原文为拉丁语，意为“人各有所好”。这既是一句谚语，也是诺贝尔经济学奖获得者加里·贝克尔一篇著名论文的标题。贝克尔的主要研究方向与选择理论紧密相关，作者此处显然是一语双关。——本书注释除特别注明外，均由译者添加。

将要看到的，在理由和理性之间存在紧密联系。事实上，瑞顿自己也很快给出了一个理由：

> 人们以为那就是关于痛苦、绝望、死亡以及所有类似主题的屁话，这些当然不能忽视，但他们忘了其中的快感。否则我们就不会做。毕竟，我们不傻。至少没那么傻。

瑞顿的想法很实际，他又继续说道：

> 吸毒的时候，你只用操心一件事：弄到毒品。不吸毒的时候，你就得操心所有其他乱七八糟的杂事。没有钱：没有酒喝。有了钱：喝得太多。没有女人：玩不起来。有了女人：麻烦不断。你得操心账单，操心吃的，操心某个永远

图 1《赫拉克勒斯的选择》：美德 VS 恶行（保罗·德·马泰斯，1712）

赢不了球的足球队，操心人际关系，以及所有根本无关紧要的一切。①

所有的选择，正如瑞顿的选择一样，源自于内心和大脑。内心提供激情，大脑则给出理由。那些基于细致入微的推理却缺乏欲望的选择是空洞的。但只有激情、没有理由的选择则难以付诸实施：它只适合于某个气急败坏的孩子，既想回家，又不想回家。

亚里士多德（前 384—前 322）是选择理论，同时也是逻辑学本身的创始人。他指出了选择、理由和欲望之间存在的联系："……选择的根源在于欲望以及对结果有所预见的推理——这就是为什么选择不可能脱离……理由而单独存在"；或者，更简要地说，"选择就是深思熟虑的欲望"。苏格兰启蒙运动的领袖大卫·休谟（1711—1776）说过这样的名言："理性是并且只应该是激情的奴隶。"激情本身，即使是瑞顿那样的激情，既不是合理的，也不是不合理的："在任何情况下，激情都不能被称做不合理。"因此，"宁愿世界毁灭也不愿划破手指，这种做法并不违背理性；为了让一个印第安人免受些许不快而选择自己倾家荡产，这对我来说同样不违背理性"。

框架

合理性是选择模式而不是单个选择本身的属性。想回家这件事本身没有任何不合理之处，但既想回家，又不想回家，这当中就有问题。瑞顿选择海洛因这件事本身没有任何不合理之处，但如果他同时又选择要避免可能出现的痛苦、绝望和死亡，

① 原文大量使用俚语，为明白起见，译文采用标准用语。

他的选择就会显得很古怪。因此，要探究理性究竟意味着什么，我们必须关注选择模式。我们必须关注当候选菜单发生变化的时候，选择随之变化的方式。由候选菜单和选择所构成的这一框架需要一些解释。

我所说的**候选菜单**，指的是必须从中作出选择的一系列候选项。（类似“候选菜单”之类的专业用语，首次出现时用斜体[1]表示，并且在书末的术语表中附有解释。）但与餐馆的菜单不同，我们所谈论的候选菜单，其中必须有某个选项成为我们的选择。一个简单的餐馆菜单可能是这样的：

三明治

鳄梨三明治

熏肉三明治

这样的菜单允许饱的人什么都不选，也允许饿的人同时选择两项。与之对应，我们所说的候选菜单应该是这样的：

选项

什么都不选

只选鳄梨三明治

只选熏肉三明治

同时选择两者

现在，通过人为规定，候选菜单中的某个选项必须被选中，即使那个选项叫做“什么都不选”。（为了强调不要按照字面意

① 译文用粗体表示。——编注

图 2 一份菜单：摩德林学院，1889 年 6 月 24 日

思来理解菜单和选项，这些英文单词或者首字母用了大写，或者被加了引号。）不过，我们必须允许持平，也就是说，同等选择多个选项。例如，只选鳄梨可能与只选熏肉持平。当我们说这两项持平，或者同等选择这两项，仅仅是说我们对两者同等满意。持平并不意味着我们要同时吃两种三明治：面对持平局面，你

可以想象我们依靠某种任意的决定办法，比如掷硬币，来打破平局，然后吃下被选出的那一种。没有这种人为的手段，我们就会发现自己和布里丹的毛驴一样，处于困境。经院哲学家让·布里丹（1295—1358）曾设想过有一头毛驴被放置在两堆完全一样的干草之间，最后活活饿死，因为它没有任何理由朝其中一个方向而不是另一个方向移动。

为了举例说明在选择模式中找到（或者无法找到）理性的情形，我们来看一下三明治菜单。面对这样的菜单，你选择鳄梨三明治；你的选择没有不合理之处。但是，当侍者过来听你点菜的时候，他告诉你还有奶酪三明治。这样，你的候选菜单就包括了三个选项：鳄梨、熏肉、奶酪。你选择了熏肉。同样，这次的单个选择没有不合理之处。但是很显然你的选择模式有问题：当候选菜单扩大，包含了某个你不需要的选项（即奶酪）之后，你改变了选择。

在整本书里，我都假定有足够多的选项使得所涉及的问题不致过于琐碎。比如，我将忽略只含一个选项的菜单。除非不可避免，我也将假定所有的菜单都包含有限选项。后一个假定排除了两类选择。第一类选择的例子是不受限制地选择一定数额的美元。这个例子中出现的问题是有无数的离散数额，比如 1 美元、2 美元、3 美元，等等。这一类选择可以毫不犹豫地排除，因为几乎所有有趣的候选菜单都有某个“上限”和“下限”。第二类选择的例子是选择淋浴的温度，比如在摄氏 10 度至 60 度之间的范围内进行选择。在本例中，显然存在上限和下限，但是温度可能在此区间连续变化。排除这类选择不会造成实际问题。如果我们在作出选择时，把温度变化幅度限制为 0.1 度，并不会有任何实质性损失。经此限定，我们的候选菜单就只包括有限数量的选项。

此外,在多数情况下我将假定选择不受时间影响。表面上看起来这个假设会限制我们的讨论范围,实则不然。因为大多数涉及时间的选择都可以用不受时间限制的方式来表达。比如,今天你可以选择“今天选鳄梨,且明天选熏肉”,这显然是涉及时间的一个选择。你也可以在今天选择“如果明天下雨,或者如果飞马赢了德比马赛,或者如果今天我选了熏肉,明天就选熏肉”。时间在上述例子中都有涉及,但对选择影响不大。然而,正如我们将看到的,并非所有的选择都符合这种模式。

一些情形

在本书的剩余部分,我将探讨在不同情形下作出理性选择究竟意味着什么。我从最简单的框架开始研究理由和理性,假定候选菜单由限定选项组成,比如鳄梨和 100 美元。这样的框架适用于分析诸如在哪里居住或者和谁共度余生这样的选择。

在此基础上,我转而研究候选菜单由不确定选项或赌局组成的情形,包括:(1)概率给定的情况,如“如果红色出现,就获得 100 美元”,典型例子是轮盘赌;(2)概率未定的情况,如“如果飞马赢得德比马赛,就获得鳄梨”,典型例子是赌马。上述两部分讨论分别适用于以下选择:(1) 如果被告知手术死亡率为25%,是否接受该手术;(2)面临恐怖袭击威胁时,是否乘坐飞机旅行。

我随后暂时搁下正题,考虑这一情形的特例,即所有不确定选项只涉及金钱。在这种情况下,对风险的态度,正如在赌博和保险中所显示的,会对选择产生影响。这些讨论尤其适用于以何种形式持有财富,以及是否为房屋投保之类的选择。

回到主题后，我考察的是菜单由策略选项组成的情况，例如在拍卖中作出高或低的报价，或者更一般的情况，选择冲突或是合作。这些讨论适用于下列选择：如果知道其他人都在设法避开交通高峰，你该选择什么时间出行；或者对一个国家来说，当其他国家也都面临类似选择的时候，是否发展核武器。

到目前为止所讨论的都是个人选择。在本书最后一部分，我对群体选择进行了讨论，研究作出群体选择的机制，如民主或独裁。这些讨论适用于以下情况：一群朋友如何选择一个饭馆；或者在更大范围内，适用于比较选举制度中简单多数原则和比例代表制各自的相对优势。以上这些情形之间的联系如下图所示。

在每种情形的核心讨论部分，我分为四个阶段来展开。首先，我举一些看起来有问题的例子：比如上文中所讨论的三明治的例子。其次，我指出在这些例子背后可能潜藏的普遍问题：在三明治的例子中，我指出问题在于当候选菜单因为增加了某个你不需要的选项而扩大之后，你的选择改变了。再次，我提议作为理性选择的约束条件，类似的问题不应该发生；这实际上界定了“理性”的含义。在三明治的例子中，限定条件可以是：候选菜单增加不相关选项不应该影响你的决定；如果满足这个条件，选择就可以被认为是理性的。（事实上，正如我们将看到的，要作出理性选择，这一条件必要，却不充分。）最后，我找出作出该意义上的理性选择的步骤，即对理性选择的特点进行了描述。在三明治的例子中，这样的描述可能是：当且仅当你能够对所有选项以某种方式排序，并且选择序列中排名最前的选项时，你的选择是理性的。在相应各章的最后，对这四阶段讨论分别进行了小结，同时再次强调要点。这部分，连同术语表，使读

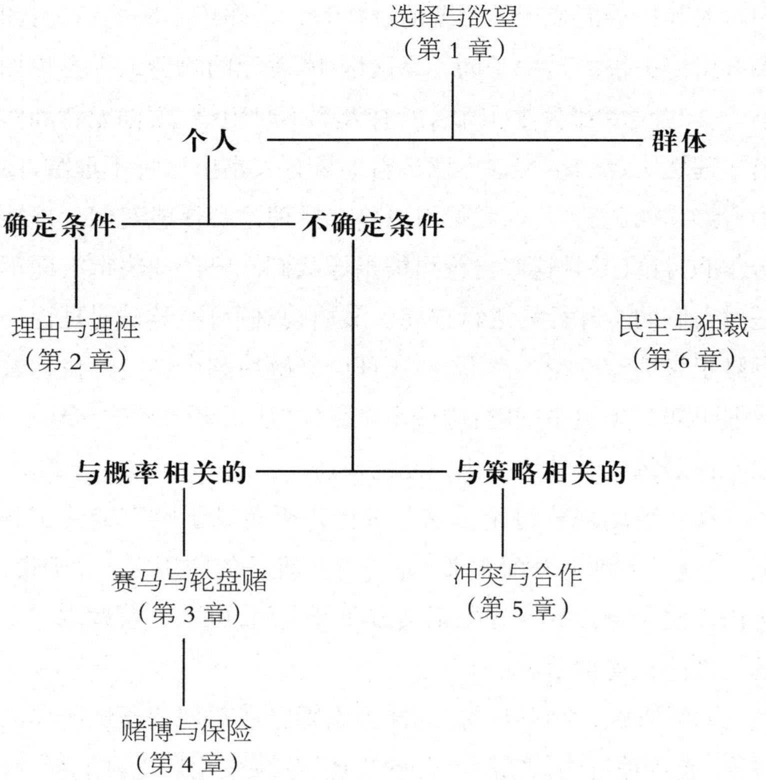

图3 选择理论的树状关系图

者得以便捷地找到相关定义。

在完成每种情形的核心讨论之后，我又作了更为简洁的扩展。我从时间因素开始着手讨论，观察如果时间对选择产生重要影响，原先的结论是否发生变化。

随后，我提出（据说是）一个实证性的悖论。可以把参加某种特定实验的人们所作出的行为看做这种悖论的典型。在旁人看来，这些人似乎行为失常。对于这样的悖论有多种可能的反应。首先，我们可以假定人们在面对真实的或重要的选择时，与面对人为构造的或无关紧要的选择时，会作出不同的行为:如果有可能失去的是房子而不是区区10美元的酬劳，你会更加小心。其次,我们可以承认,所有人都不时犯错误:你无意间作出非理性决定的事实并不意味着如果有人指出这种不理智,你仍将继续如此。再次,我们可以将选择理论解释成对何为理性所作的讨论(并且这些讨论可能指导我们作出合理决定),而不是对人们的实际行为进行描述。最后,我们可以尝试对理论进行修正来消除悖论。然而,修正理论以解决某个特定悖论的做法很可能产生更多问题:应该牢牢记住"法不容情[①]"这句格言。你应该对每一个悖论作出自己的反应。

我在结尾部分讨论了这一理论是否有助于财富的公正分配,也就是所谓的**分配正义**。这是选择理论的应用之一。确实,选择理论所隐含的在分配正义方面的应用,可以被看做本书主题之外的补充情节。

如我所说,我们可以把选择理论解释成对何为理性所作的讨论,或者是对人们实际行为的描述。如果采用后一种解释,我们不应该把"描述"和"说明"相混淆。不能说人们刻意按照选择理论所提示的种种分析路径来决定自己的行为，而应该说,总体上人们的行为似乎符合这一理论。要描述树木的生长方式,一个好办法是假定树木在长出树叶的时候,尽可能地扩大了接受阳光照射的面积。但是,即使是最喜欢树木的人也不会一本正经地提出,树木是故意这样做的。

如果把选择理论解释成对何为理性所作的讨论,这一理论

① 原文为英美谚语,直译为"难办的案件容易败坏法律",指人们如果徇情,对个别案件特殊处理,就会造成整个法纪的混乱。

也将指导我们作出明智的决定。但它不会(比如说)建议你应该赌博或者你应该保险,因为单个选择无所谓合理不合理。(但选择理论可能指出,你同时选择这两项是不明智的。)同样,它也不可能建议瑞顿去选择,或不选择,生活。事实上,瑞顿最后还是选择了生活,尽管没有显露任何热情:

> 我在前进,笔直走,选择生活。我已经在期盼生活了。我将像你们一样:工作、家庭、大彩电、洗衣机、汽车、CD和电动开罐器、健康、低胆固醇、牙科保险、抵押贷款、第一套住房、休闲服、行李、三件套的组合家具……一天天过下去,向前看,直到死的那天。

小结

选择就是从一份候选菜单中挑选出一个或多个选项。可以在四种情形下进行讨论:(1)确定性的情况,所有选项都是限定的;(2)不确定性的情况,选项涉及偶然性,带有或不带有给定的概率;(3)和策略相关的情况,两个人各自的选择互相依赖;(4)群体选择的情况,一群人必须集体作出选择。不确定性的情况涉及人们对风险的态度,这种态度与策略情况下的选择也有关联。

第二章

理由与理性

用于选择的最简单框架是候选菜单由确定选项组成的那些情形，例如鳄梨和 100 美元，你必须从中至少选择一项：允许有持平情况。试着回想一下，两个选项持平，即你同等选择这两个选项，相当于说你对两者同等满意。

理性选择

考虑下面这个明显奇怪的选择：

开胃菜的例子

菜单由芦笋、甜菜根和菊苣组成：你从中选了芦笋。侍者可能是没听清，告诉你说菊苣没有了，于是你选择了甜菜根。你的选择如下图所示。按惯例，用字母 ABC 表示各个选项：

ABC　A

AB　　B

在本例中，你的选择有问题（问题实质上和第一章中三明治的例子是一样的）：你从完整菜单中选择了 A，但在 A 和 B

之间，你却没有选 A。这种做法似乎不对。为了避免类似问题，我们可以规定，如果你从完整菜单中选择了某个选项，在菜单范围缩小后，如果该选项还列在其中，你必须要选择该选项。这一要求称为**缩约条件**，又被称为“森的首要属性”，得名于诺贝尔经济学奖得主、哲学家阿马蒂亚·森（生于 1933 年）。可以用类似的赛马例子来说明。如果一匹小母马赢了一场同时有小公马和小母马参加的比赛，那么当比赛仅允许小母马参加时，它应该也能赢得比赛。

缩约条件有着明显的所指。假定在你最初的选择中有几个持平选项，随后你从只含有这些持平选项的小范围菜单中再次进行选择。显而易见，缩约条件告诉我们，你的选择不会改变。这也支持了我们允许持平情况出现的做法：如果两个选项持平，就没有理由选择其中一项而不选另外一项。

下一个例子里，另一种问题出现了。

汤的例子

菜单看似由豆汤和胡萝卜汤组成：你从中选择了胡萝卜汤。侍者告诉你，你错把洋蓟当做豆子，所以菜单实际上应该由洋蓟汤和胡萝卜汤组成，你同等选择了两者，也就是说两者持平。侍者又回来告诉你，除了这两种汤，豆汤其实也有，此时你选择洋蓟汤。你的选择如下图所示：

ABC　A

BC　C

AC　AC

在本例中，你的选择所出现的问题是：你在B和C之间选择C，同时也在A和C之间选择C（尽管不是只选C），但你没有从完整的菜单中选择C。这一次，你的选择看来仍然不对。如果菜单只包含两个选项，你从中选择了第一项（尽管不一定是唯一选项），我会说你在一次**成对**选择中选了该选项。为了避免类似汤的例子中遇到的问题，我们要求如果在所有包含某个选项的成对选择中，你都选择了该选项，那么你从完整的菜单中也应该选择这个选项（尽管不一定是唯一的）。这一要求被称为**扩展条件**，又被称为"孔多塞条件"，得名于法国数学家、启蒙运动的重要人物马里耶·让·安托万·尼古拉斯·卡利塔特·德·孔多塞侯爵（1743—1794）。以赛马为例，如果一匹小母马在一对一赛跑中击败其他任何一匹母马，那么她应该在一场由她和所有被击败的母马参加的比赛中胜出。

我们应该确保这两个条件是一致的，即它们可以同时被满足；另外，这两个条件是独立的，即没有任何一个条件隐含另一个。最简单的方法就是举出几个例子，例一两个条件都满足，例二满足条件一，例三满足条件二。要证明某个例子不满足某个条件，我们只要找到一种不满足的情况即可。但是，要证明它满足某个条件，我们就必须证明它在所有情况下都满足，也就是说，所有可能的菜单中的选择都满足该条件。

下面是一个同时满足两个条件的例子（即便如此，正如我们将看到的，其中所作的选择仍需进一步补充条件）。

鱼的例子

菜单由凤尾鱼、鲈鱼和鳕鱼组成：你从中选择了凤尾鱼。但如果菜单缩减到只含凤尾鱼和鲈鱼，你同等选择两者；如果菜单减到只含鲈鱼和鳕鱼，你选择鳕鱼；如果只含凤尾鱼和鳕鱼，你选择凤尾鱼。如下图所示：

ABC	A
AB	AB
BC	C
AC	A

注意，本例列举了你从所有可能的菜单（除了那些无足轻重的）中所作的选择。不管是从完整菜单，还是从任何含有 A 的削减菜单中，你都选择 A，因此本例满足缩约条件。同时，A 是你在进行由 A 和其他选项构成的成对选择中所挑选的唯一一个选项，因此本例也满足扩展条件。

我们可以用汤的例子来说明满足缩约条件但不满足扩展条件的情况，只要我们在原来的例子上再加上一条规定：在 A 和 B 之间，你选择 A。你的选择变成：

ABC	A
AB	A
BC	C
AC	AC

现在，你从完整菜单中，同时也从所有含有 A 的削减菜单中，都选择了 A，因此本例满足缩约条件。但是，本例的关键在于没有满足扩展条件：在成对选择时，你选择了 C（尽管不是唯一的），但你却没有从完整菜单中选择 C。

同样，我们可以用开胃菜的例子来说明满足扩展条件，但不满足缩约条件的情况。只要我们在原来的例子中再加上一条规定：在B和C之间，你选择C；且在A和C之间，你选择A。你的选择变成：

ABC	A
AB	B
BC	C
AC	A

现在，你在成对选择时没有选出任何一项，因此可以默认扩展条件满足。（回忆一下，扩展条件要求，如果你在成对选择时选出某个选项，那么你也要从完整菜单中选择该选项：如果在成对选择时没有选出任何选项，那么这一条件自动满足。）但是，本例的关键在于没有满足缩约条件：你从完整菜单中选择了A，但是在A和B之间却没有选择A。

开胃菜、汤和鱼的例子显示，缩约条件和扩展条件是一致且相互独立的。这些条件至少排除了我到目前为止所指出的种种问题，因此我要说，一个**合理的**选择过程就是能满足这些条件的过程。（注意，我在这里用了"合理的"这个词，而不是"理性的"。随后你就会明白为什么我要区分这两个词。）

为了概括合理选择的特点，我们需要用到**偏好关系**的概念。对于菜单上的任何两个选项，偏好关系能够说明，究竟是第一个至少和第二个一样好，还是第二个至少和第一个一样好。它允许两者同时成立：在此情形下，这两个选项被称为"无差异"。如果第一个选项至少和第二个一样好，并且两者并非无差异，那么第一个选项就要比第二个好。这种“至少一样好”关系适用于菜单选项。在人与人之间作比较的时候，也有类似的“至少一样高”关系：我至少和你一样高；或者你至少和我一样高；或者两者都成立，即我们俩身高相同。

如果根据某种“至少一样好”关系，你从菜单中选择的选项恰好就是那些至少和菜单上剩余选项一样好的选项，你的选择就可以**由偏好关系来解释**。这意味着两点：(1)如果某个选项至少和其他选项一样好，你选择该选项；(2)如果有其他选项好于该选项，你就不会选择该选项。如果你的选择可以由某种偏好关系来解释，这种关系就很容易说明：它规定当且仅当你从一对选项中选择某个选项时（尽管不一定是唯一的），它和另一个选项至少一样好。注意，这意味着如果你从一对选项中只选择一个，那么它比另一个好。

回到鱼的例子，你的选择如下：

ABC　A

AB　AB

BC　C

AC　A

对三组成对选择进行比较显然可以发现，如果你的偏好关系是：

A 和 B 无差异

C 比 B 好

A 比 C 好

并且你总是选择最好的可选项，那么你就会照本例那样选择。也就是说,你的选择可以由偏好关系来解释。

看起来似乎所有选择（无论多么奇怪）都可以由某种偏好关系来解释。但事实并非如此。回到开胃菜的例子,你的选择是:

ABC A

AB B

如果这些选择可以由偏好关系来解释,那么 A 至少得和 B 一样好,因为你从完整菜单中选择了 A;而 B 得比 A 好,因为你从 A 和 B 之中选择了 B。这两个结论不可能同时为真,因此没有任何偏好关系可以解释你的选择。

同样的结论也适用于汤的例子,在其中你的选择是:

ABC A

BC C

AC AC

这里,A 或 B 其中之一必然要比 C 好,因为你没有从完整菜单中选择 C。但是 A 不可能比 C 好,因为你在 A 和 C 之间选了 C,尽管不是唯一的。同样,B 也不可能比 C 好,因为在 B 和 C 之间,你选了 C。因此,在本例中同样没有任何偏好关系能够解释你的选择。

开胃菜和汤的例子说明:(1) 如果缩约条件和扩展条件有

其中之一(或者两个都)不能满足,也就是说,如果选择不是合理的,选择就无法由偏好关系来解释;(2)如果两个条件同时成立,也就是说,如果选择是合理的,选择就可以由偏好关系来解释。情况就是如此:当且仅当选择可以由偏好关系来解释时,它是合理的。

这意味着,如果选择是合理的,选择和偏好关系实质上是一样的:我们总是可以从偏好关系中推断出选择;也可以从选择中推断出偏好关系。

理性选择

合理性是个很好的起点,但是正如我在介绍鱼的例子时说的,光有合理性还不够。在鱼的例子中,你的选择如下:

ABC	A
AB	AB
BC	C
AC	A

这里的问题是,在一种情形下你在有 A 时选择了 B,而在另一种情形下你在有 B 时选择了 A,并且没有同时选择 B。我们可以这样来描述:第一种情形下,B 显示出至少和 A 一样好,而在第二种情形下,A 显示出比 B 好。为了避免类似问题,我们要求如果有第二个选项时你选择了第一个选项,那么任何时候当你选择了第二个选项而第一个选项同时存在时,你也应该选择第一个。这一要求被称为**显性条件**;又被称为"萨缪尔森的显示偏好条件",得名于另一位诺贝尔经济学奖得主保罗·萨缪尔

森(生于1915年)。类似的赛马例子如下:如果一匹小母马在有第二匹小母马参加的比赛中获胜,无论是独占鳌头或是并列第一,那么第二匹小母马在有第一匹小母马参加的任何比赛里都不可能单独获胜。

显而易见,显性条件同时涵盖了缩约条件和扩展条件。但是比如在鱼的例子中,正如我们所看到的,显性条件不成立,而缩约条件和扩展条件却成立。因此,显性条件强于缩约和扩展条件的总和。也就是说,任何满足显性条件的选择必然满足缩约条件和扩展条件,但满足这两个条件的选择却不一定满足显性条件。

显性条件有些苛刻:鱼的例子中的选择不满足显性条件。但也不是非常苛刻,正如下例所显示的,显性条件可以得到满足。

肉的例子

菜单由鳄鱼肉、牛肉、鸡肉和鸭肉组成。如果有鳄鱼肉,你就选它;如果没有鳄鱼肉但有牛肉,你就选牛肉;如果两者都没有,你就同时选鸡肉和鸭肉。如下图所示:

ABCD	A	AC	A
ABC	A	AD	A
ABD	A	BC	B
ACD	A	BD	B
BCD	B	CD	CD
AB	A		

显而易见，在本例中你的选择满足显性条件。这意味着它们同时也满足缩约条件和扩展条件，因此是合理的。相应地，它们可以由偏好关系来表示：

A 好于 B　　　B 好于 C
A 好于 C　　　B 好于 D
A 好于 D　　　C 和 D 无差异

由于显性条件至少排除了我前面所提到的那些影响合理决定的问题，我要说，**理性选择**的过程就是能满足显性条件的过程。

要概括理性选择的特点，我们要用到**偏好序列**的概念。偏好序列是一种特殊的偏好关系，又被称为**传递性**。对于某种“至少一样好”的关系，如果在 X 至少和 Y 一样好，且 Y 至少和 Z 一样好的情况下，可以得出 X 至少和 Z 一样好的结论，那么这种关系就具有传递性。例如，人与人之间“至少一样高”的关系就具有传递性：如果我至少和你一样高，而你至少和蒙莫朗西一样高，那么我至少和蒙莫朗西一样高。在肉的例子中所隐含的偏好关系具有传递性，因此是一种偏好序列。尽管传递性看似是偏好关系的自然属性，但实际上并非所有的偏好关系都具有传递性。例如在鱼的例子中，偏好关系如下：

A 和 B 无差异
C 好于 B
A 好于 C

上述关系不具有传递性：假设它具有传递性，那么前两个陈述意味着 C 至少和 A 一样好，这个结论与最后一条陈述相矛盾。

之所以用偏好序列这个名称是因为它允许对选项进行排序（尽管其中可能出现并列）。这意味着我们可以将所有选项排列成表，最好的选项在顶部，最差的在底部。回到肉的例子中所隐含的偏好序列。依惯例用字母来代替选项，列表如下：

A

B

CD

如果没有传递性，我们不可能将选项排成列表形式。比如在鱼的例子中所隐含的偏好关系，如果我们把 A 放到列表顶部，那么我们必须把 B 也放到顶部，因为 A 和 B 无差异；但我们不能把 B 放到顶部，因为 C 好于 B；且我们也不能把 C 放到顶部，因为 A 好于 C。因此我们无法将任何一个选项置顶，从而无法排成列表。

如果你的选择可以由具备传递性的偏好关系来解释，那么它就可以**由偏好序列来解释**。（回想一下，偏好序列其实就是具有传递性的偏好关系。）如我们所见，在鱼的例子中隐含在选择背后的偏好关系（它不满足显性条件）不具备传递性，从而这些选择无法由偏好序列来解释。另一方面，在肉的例子中所作的选择（满足显性条件）则可以由偏好序列来解释。

肉和鱼的例子说明：（1）如果显性条件不满足（即选择是非理性的），选择就无法由偏好序列来解释；（2）如果显性条件满足（即选择是理性的），选择就可以由偏好序列来解释。情况就

图4 《思想者》:选择是深思熟虑的欲望(奥古斯特·罗丹,1904)

是如此:当且仅当选择可以由偏好序列来解释时,它是理性的。

这意味着,如果选择是理性的,选择和偏好序列实质上是一样的。确实,我们可以把选择之中所隐含的偏好序列看做作出该选择的理由：在理由和理性之间存在紧密联系："选择是深思熟虑的欲望。"

效用

正如理性选择可以由偏好序列表示，偏好序列也同样可以由效用来表示。要用效用来表示像"至少一样好"这样的序列，就是要为每个选项指派相应的数字，更好的选项分配到更大的数字。更确切地说，当且仅当第一个选项比第二个更好时，它具有更高的**效用**。对于肉的例子中所隐含的偏好序列，即

A 好于 B	B 好于 C
A 好于 C	B 好于 D
A 好于 D	C 和 D 无差异

我们可以指派效用如下：

A	3
B	2
C	1
D	1

这样的指派很有帮助。它说明我们总是可以通过列表来为某个偏好序列指派效用，把数字 1 分配给最底部的单个或多个选项，数字 2 给倒数第二个选项，依此类推直到列表顶部。确实，情况显然就是如此：我们总是可以通过效用来表示偏好序列。这一论述也清楚地表明：我们无法用效用来表示一个无法

由偏好序列来表示的偏好关系(即非传递性),因为在这种情况下我们无法完成列表。

有许多种其他方式来指派效用。在本例中,另一种可行的效用指派方式是:

A	100
B	99
C	10
D	10

在这些方式中,没有任何一个好于其他的。它们都意味着,并且仅仅意味着一件事:A 好于其他选项;B 好于 C 和 D;C 和 D 无差异。因此,本例中所用到的效用在此意义上被称为**序数效用**:它所做的一切就是为选项排序。序数效用可以通过任何增加数值的方式进行转换而不影响其代表性属性,例如(假设效用都是正的),通过求二次幂或者取平方根。

如果对于某些效用指派方式来说,你所选择的选项恰好是那些至少和其他任何一个选项有同样多效用的选项,那么你的选择就是**效用最大化**的。在这种情况下,选择使效用达到最大。显然,只有当选择可以由偏好序列表示时,这种情况才成立。因为如果不存在偏好序列,也就没有效用指派;而如果选择由偏好序列表示,那么它们必须做到效用最大化。换句话说,当且仅当选择可以由偏好序列来解释时,它取得效用最大化。那么既然当且仅当选择可以由偏好序列来解释时它是理性的,我们可以说,当且仅当选择是效用最大化时,它是理性的。

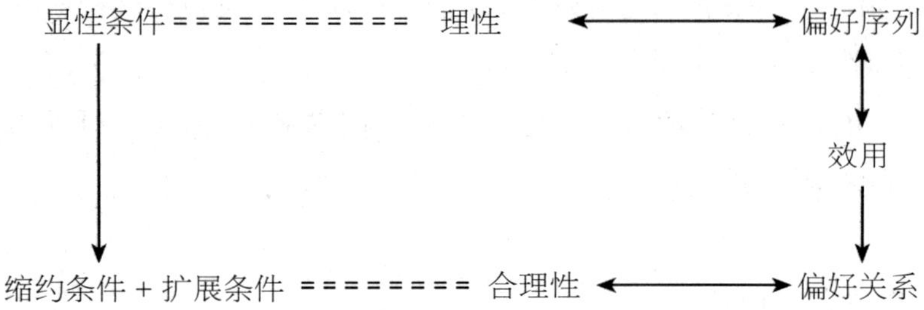

图 5 确定条件下的选择示意图：等号代表定义，双箭头代表相等，单箭头代表隐含

从形式上看，作出理性选择可以等同于效用最大化。但是关键是如何来解释这种等同关系。你在 X 和 Y 之间只选择 X，说明你喜欢 X 胜过 Y，并且如果你喜欢 X 胜过 Y，你指派给 X 的效用就多于给 Y 的效用。效用源自选择，而不是选择源自效用。你不是因为骑马比滑雪带给你更多效用才选择去骑马。正相反，因为你选择了骑马，所以你指派给骑马更多的效用。

合理性、理性和本章中提出的各种条件之间的联系如图 5 所示。

一些扩展

如果时间成为相关因素，情况也几乎没有改变。许多选择涉及时间，但时间并没有起到重要作用。试考虑这样一个例子：今天来选今天和明天分别吃什么。尽管这个选择涉及时间，但它可以立刻被纳入一个静态的框架。唯一的区别在于，你不再是从 X 和 Y 两个选项，而是从四个选项中进行选择：

今天选 X 且明天选 X

今天选 X 且明天选 Y

今天选 Y 且明天选 X

今天选 Y 且明天选 Y

但是，并非所有选择都适合这种模式。某个人（如果不是瑞顿这样的瘾君子）会远离海洛因，因为知道如果今天吸食了海洛因，明天他就会变成毒品的奴隶。更普遍的情况是，今天你会选择“今天选 X 且明天选 Y”，但你知道如果今天得到 X，你的偏好会发生变化，以至于明天也希望得到 X。本质上，这就是荷马（约公元前 700 年）笔下的英雄尤利西斯所面临的问题。他让手下把自己绑在船的桅杆上，以避免他在听到海妖具有魔力的甜美歌声后想要不惜生命去追随那充满诱惑力的声音。本例中所讨论的静态理论无法处理这类问题。

即使在一个静态框架里，也不是所有问题都能直接解答。试考虑一个明显的悖论，通常称之为框架悖论。你在一家店里，已经决定要买一台标价 20 美元的电话和一台 1000 美元的电脑。首先，你得知在相距五分钟步行路程的另外一家分店里，电话要比这家店便宜 10 美元：你是现在买，还是去另外一家分店？其次，你得知电脑（而不是电话）在另外一家分店要便宜 10 美元：你是现在买，还是去另外一家分店？暂停一下，好好想想。

显然你在这两种情况下会作出相同选择，因为本质上两个问题是一样的，区别只在于问题的框架：在这两种情况下，你都可以通过去另外一家分店购买商品而节省 10 美元。但在一次实验中，被问到这个问题的人们绝大多数愿意在电话而不是电脑便宜 10 美元的情况下去另外一家店。在第一章里我已经注意到类似的悖论可能产生的种种反应。对这个例子，你也应该有自己的回答。

效用可以通过任何增加其数值的方式转换而不会影响其代表属性，这一事实隐含着一个重要推论：对效用的变化量进行比较毫无意义。试考虑这样的说法：1000美元与2000美元之间的效用差别大于8000美元和9000美元之间的效用差别。这等于说，在1000美元基础上增加1000美元，比在8000美元基础上增加1000美元带来更高效用；或者说，当你贫穷的时候，得到1000美元所带给你的**边际效用**大于你富裕的时候。类似这样的说法无所谓对或错：它们毫无意义。

假定人们喜欢更多财富，而不是更少，那么分配效用的方法之一就是给一定数额的金钱（以1000美元为单位）指派相同数目的效用。第二种方法是指派与金钱数额的平方根相等的效用。第三种方法是指派与金钱数额的平方数相等的效用。当然，这三种方法都同样好。

如果以等于金钱数额平方根的方式来指派效用，那么关于1000美元和2000美元的效用差额大于8000美元和9000美元的效用差额的说法貌似正确，因为两种情况下的边际效用分别约等于0.4和0.2。而如果效用以等于金钱数额平方数的方式来指派，那么这种说法貌似错误，因为两种情况下的边际效用分别约等于17和3。但是这两种指派效用的方式本身一样好：上述两次计算没有任何意义。

类似于上例中的错误想法是因为混淆了正确的表述"人们为更多财富指派更高效用，因为人们偏好更多财富"和无意义的表述"人们偏好更多财富，因为它具有更高效用"。这样的错误想法所带来的结果之一就是要求财富再分配，比如通过征收累进税的办法。所谓的财富再分配是基于这样的想法，即一个穷人接受 1000 美元所得到的效用大于一个富人支付 1000 美元所失去的效用。同样,这一想法毫无意义。此外,试图在没有依据的情况下对不同人的效用进行比较,这种做法更加剧了混淆的程度。我们没有理由反对采用平方根的方式来为每个人指派效用。但如果我们这样做,那么你的效用水平是我的两倍这一事实仅仅说明了我们已经知道的情况:你的财富是我的四倍,仅此而已。效用并不是幸福或福利的衡量尺度:它只是偏好的数字化表示。

小结

确定性条件下的选择涉及从给定的候选菜单中选择一个或多个限定选项。

缩约条件要求:如果你从候选菜单中选择了某个选项,并且在范围缩小后的菜单内依然含有该选项,那么你应该从小范围菜单中选择该选项。

扩展条件要求:如果你在某个选项与候选菜单的任何一个其他选项之间进行成对选择时都选了该选项,那么你应该从完整菜单中选择该选项,尽管不一定是唯一的。

如果存在某种"至少一样好"关系,使得你所选的选项恰好就是那些至少和菜单上剩余的任何选项一样好的选项,那么你的选择可以由偏好关系来解释。

当且仅当选择可以由偏好关系解释时,该选择是合理的,即它同时满足缩约条件和扩展条件。

显性条件要求:如果你在存在第二个选项的情况下选择第一个选项,那么任何时候你选择第二个选项,如果第一个选项也存在,你应该同时选择该选项。

如果选择可以由具备传递性的偏好关系解释,那么该选择可以由偏好序列解释。

当且仅当选择可以由偏好序列解释时，该选择是理性的，即满足显性条件。

用效用来表示一个“至少一样好”序列,就是为每个选项指派一个数字,使得当且仅当第一个选项比第二个更好时,它具有更高效用。如果存在某种效用指派方式,使得你所选择的选项恰好就是那些至少和其他选项具有一样高效用的选项,那么你的选择是效用最大化的。

当且仅当选择是效用最大化时,该选择是理性的。

第三章

赛马与轮盘赌

现在我来分析候选菜单由偶然性选项组成的情况，比如“如果红色出现，就得到 100 美元”或者“如果飞马赢得德比马赛，就得到鳄梨”。第一种情况的典型例子是轮盘赌，概率是给定的。第二种情况的典型例子是赛马，概率必须由推断获得。

情形

一项结果的**概率**是一个在 0 至 1 范围内的数字，表明该结果出现的可能性：概率越高，结果出现的可能性越大。极端情况下，概率为 0 意味着不可能，而概率为 1 则意味着确定。概率具有三项特性：(1)所有可能结果的概率相加等于 1。因此，在轮盘赌中，如果一个有 36 道分槽的轮盘每道分槽出现的几率均等，则任意给定数字出现的概率为 1/36。(2)如果两个结果不能同时出现，则两个结果中出现任意一个的概率等于两者各自出现概率之和。因此，7 或 12 两个数字中出现任意一个的概率为 2/36。不断使用这一特性可以推断出，出现任意一个偶数的概率为 18/36，即 0.5。(3)两个互相独立的结果连续出现的几率是两者各自出现概率的乘积。因此，连续出现两个偶数的概率为 0.5 × 0.5，即 0.25。

处于不确定状态的候选项称为赌局。一项**概率赌局**指一系列可能得到的回报,其中每个回报都有各自的出现概率。显然,这些概率之和必须等于1。比如"以概率0.5得到100美元,以概率0.5一无所获",或者用另外一种表述"以概率0.5得到100美元,其余情况则一无所获"。再举个例子:"以概率0.5一无所获,以概率0.25得到熏肉,其余情况则得到奶酪。"我们可以将这两个赌局(分别用X和Y表示)写成"100美元wp0.5,一无所获wp0.5"和"一无所获wp0.5,熏肉wp0.25,其余奶酪",其中wp代表"出现概率为"。

你可以想象赌局的结果是由某个躲在幕后转动轮盘的人来决定的。如果你选择赌局X,可以设想为:出现偶数你得到100美元,出现奇数则一无所获。如果你选择了赌局Y,可以设想为:如果数字1至18中任意一个出现,你得到鳄梨①,如果数字19至27中任意一个出现,你得到熏肉,如果数字28至36中任意一个出现,你得到奶酪。

"得到鳄梨的概率为1"很显然也是个赌局,可能把这个赌局直接称为"鳄梨"更自然些。这种赌局被称为**简化赌局**。同样,一个赌局中的回报也可以是其他赌局。例如在下面的赌局中,它的回报分别为赌局X和赌局Y:

赌局X wp0.6,赌局Y wp0.4

这个**复合赌局**可以被看做是由权重分别为0.6和0.4的两个赌局X和Y所组成的**混合赌局**。在这样的混合赌局中,回报

① 此处似乎与赌局Y的表述不符。0.5的概率应为一无所获,而不是鳄梨。

由 X 和 Y 的所有回报组成,而与 X 相关的概率则是赌局 X 中的初始概率乘以 0.6,与 Y 相关的概率则是赌局 Y 中的初始概率乘以 0.4。因此,在上例中,作为赌局 X 的回报,获得 100 美元的概率为 0.6×0.5,即 0.3。而赌局 X 和 Y 都可能出现一无所获的情况,因此其概率为(0.6×0.5)+(0.4×0.5),即 0.5。这个复合赌局,或者说混合赌局,相当于以下简单赌局:

100 美元 wp0.3,一无所获 wp0.5,熏肉 wp0.1,奶酪 wp0.1

如下图所示:

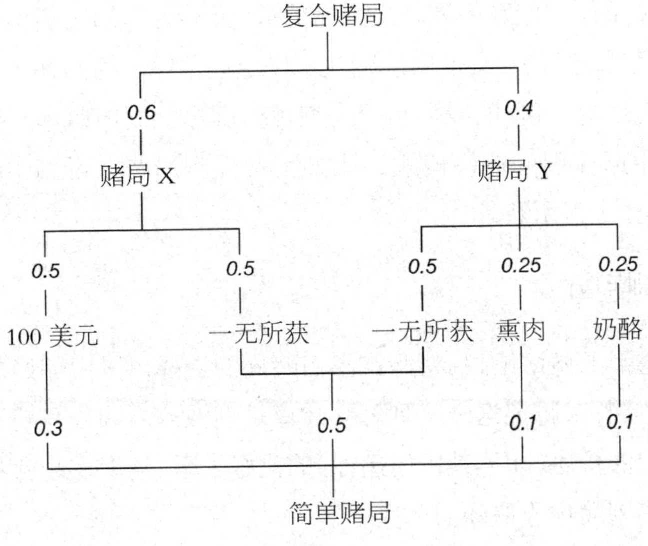

图6 复合赌局

在预先设定这些条件之后，我们可以转向赌局中的选择。我们可以直接利用第二章的讨论:只需把菜单选项的名称从芦笋换成“以概率 0.5 得到 100 美元，其余情况则一无所获”，这样的转换不会改变第二章的任何结论。尽管如此，还存在其他影响因素。例如，如果你偏好 100 美元胜过一无所有，那么很自然，你偏好赌局“以概率 0.9 得到 100 美元，其余情况则一无所获”胜过“以概率 0.1 得到 100 美元，其余情况则一无所获”。但是，在第二章中所研究的理性的概念无法说明这一点：在理性的概念范围内，要求你对这两个赌局有所偏好，相当于仅仅因为你偏好鳄鱼肉胜过牛肉就要求你偏好鸡肉胜过鸭肉。

之所以可能有更多的影响因素，是因为在确定性条件下菜单选项没有内部结构：芦笋只是芦笋。而不确定性条件下的菜单选项则有某种内部结构：它们涉及回报和概率。这意味着在确定性条件下偏好序列就是问题的最终结果：它们无所谓理性或非理性。但我们有理由质疑在不确定性条件下的偏好序列是否是理性的。例如，我们可以考察那些回报相同但概率不同的赌局中所体现的偏好模式，比如上面提到的要么得到 100 美元，要么一无所获。

概率赌局

基于上述讨论，我将假定出自赌局的选择可以由偏好序列解释，并且来研究这一序列怎样才算是理性的。因为我将不会涉及无法排序（即不具备传递性）的偏好关系，从现在起我将把偏好序列简称为**偏好**。

试考虑下面这个有问题的例子。

蔬菜的例子

你喜欢茄子胜过花椰菜，但是你知道餐厅服务不太可靠，无论你点什么，都有 0.1 的概率得到菜花，于是你点了花椰菜：也就是说，你喜欢赌局“以概率 0.9 得到花椰菜，其他情况则得到菜花”胜过赌局“以概率 0.9 得到茄子，其他情况则得到菜花”。

本例中你的选择有问题：在第二种情况中结果 C 对于每个赌局来说都是一样的，但你却让它影响了你的决定。如果在比较两个赌局的时候，你忽略它们相同的方面而专注于不同点，这似乎显得更加自然。当然，你可能喜欢赌局“以 0.9 的概率得到 B，以 0.1 的概率得到 C”胜过赌局“以 0.9 的概率得到 A，以 0.1 的概率得到 C”，尽管你喜欢单选 A 胜过单选 B（也许是因为 C 和 B 搭配比和 A 搭配要好）。但是，这两个选项都没有。你要么得到你点的，要么得到 C。如果你得到你点的蔬菜，那么 C 无关紧要；如果你得到 C，那么你点了什么菜就无关紧要。为了确保这样的无关情况不影响整个分析，我们可以要求：如果你喜欢第一个赌局胜过第二个，那么对于把这两个赌局分别和第三个赌局按同样权重进行组合得到的两个混合赌局，你喜欢第一个混合赌局胜过第二个。这一要求被称为**替换条件**。

替换条件有个直接推论：如果你喜欢 100 美元胜过一无所有，那么你就会喜欢赌局“以概率 0.9 获得 100 美元，其余则一无所有”胜过“以概率 0.1 获得 100 美元，其余情况则一无所有”。更一般地，如果你喜欢一个赌局胜过另一个，那么当且仅当你更喜欢的那个赌局在第一个混合赌局中的比重大于它在第二个混合赌局中的比重时，你选择第一个混合赌局。

下面的例子里出现另一类问题。

水果的例子

你喜欢苹果胜过香蕉，喜欢香蕉胜过樱桃(既然你是理性的，当然喜欢苹果胜过樱桃)。但是，你喜欢香蕉胜过每个或得到苹果、或得到讨厌的樱桃的赌局，不管得到后者的概率有多低。

在本例中你的选择有问题：你的偏好出现跳跃。试考虑你对 B 和赌局 X(以概率 p 得到 A，其余情况得到 C)的偏好。如果 p 小于 1，不管它多接近 1，你选择 B；但当 p 等于 1，也就是说当赌局 X 变成 A，你选择 X。因此在某一点上你从偏好某一项变成偏好另一项，却没有经过中间无差异的过渡阶段。如下表所示：

P	0.9	0.99	0.999	…	1.0
选择	B	B	B	…	X

如果你的选择平稳变化而不是像这样突然跳跃，可能更容易接受。要明白在实践中这究竟意味着什么，让我们重新解释这三个选项，设 A 为一百万美元，B 为一无所有，C 为你的死亡。可以认为存在足够高的概率 p，使得你愿意接受这样的赌局：以概率 p 获得一百万，否则就失去性命。如果这显得不太可能，那就问问你自己是否愿意穿过一条交通繁忙的街道，冒着极其微小的丧命概率，来挣得一百万。典型的答案是愿意。为了避免偏好的跳跃变化，我们要求：如果你喜欢第一个赌局胜过第二个，喜欢第二个胜过第三个，那么必然存在第一个和第三个赌局的某种混合，使得你认为它和第二个赌局无差异。这一要求被称为**连续条件**，又被称为**阿基米德条件**，得名于希腊数

学家阿基米德(前287—前212)。

(补充说明:我们可能注意到连续条件要求允许概率以连续的方式变化,因为如果概率只以0.1的幅度发生变化,那么很可能出现你喜欢赌局“以概率0.9得到A,其余情况下得到C”胜过选项B,并且喜欢B胜过赌局“以概率0.8得到A,其余情况下得到C”。这一点又反过来要求有无穷多的赌局。)

我们应该再次来检查这两个条件是否一致且独立。为避免重复,我只考虑一致性;独立性可以直接看出来。下面的例子显示了一致性。

坚果的例子

考虑由杏仁、巴西坚果和腰果组成的所有可能赌局,只要在第一个赌局中得到杏仁的概率的两倍加上得到巴西坚果的概率大于在第二个赌局中的相应数字,你就喜欢第一个赌局胜过第二个。

在本例中,只要2p+q大于2r+s,你就喜欢赌局“A wp p,B wp q,其余概率得到C”胜过赌局“A wp r,B wp s,其余概率得到C”。注意这个条件规定了你对于所有涉及A、B、C的赌局的偏好。很容易证明替换条件和连续条件都成立。

因为替换条件和连续条件是一致且独立的,并且看起来至少排除了我已经指出的问题,我会说如果你的偏好满足这两个条件,那么你对相关赌局具有**理性偏好**。

要概括理性的特点,我们需要用到**期望效用**的概念。回想一下,我们已经假定赌局中的选择可以由偏好序列来解释,也就是说,是效用最大化的(参见第二章的讨论)。那么既然我们可以给所有的赌局指派效用,我们当然可以给简化赌局(即回报)指派效用。假定我们已经这样做了。那么一个赌局的期望效用可以通过以下方式计算:将每个回报的效用乘以该回报出现的概率,再将所有结果相加。例如,你的效用指派方式如下:

X	1
Y	3
Z	2

那么赌局“X wp 0.2,Y wp 0.3,Z wp 0.5”的期望效用就是:(1×0.2)+(3×0.3)+(2×0.5),即 2.1。

回想一下,我们有多种方式来指派效用:唯一的要求就是更好的回报具有更高效用。为给后面的讨论作个准备,请注意如果我们把所有效用翻倍,那么我们也把任何赌局的期望效用翻倍。如果我们把所有效用加上 7,那么我们也把任何赌局的期望效用加上 7。例如,如果我们把上例中的效用依次进行这两项变换,那么新的期望效用就是 11.2,等于原来的期望效用乘以 2,再加上 7。但是,如果我们用所有效用的平方来代替它们,那么新的期望效用并非原来数字的平方:新的期望效用等于 4.9,而原来的效用平方后等于 4.41。

如果有某种效用指派方式,使得我们可以基于赌局的期望效用对它们作出判断,那么问题就会变得很方便。也就是说,当且仅当一个赌局相比另一个具有更高效用时,你更喜欢该赌局。这就意味着,你将喜欢上文提到的那个赌局胜过下面这个新的赌局:

X wp 0.5, Y wp 0.3, Z wp 0.2

因为正如我们所说，原来那个赌局的期望效用（2.1），超过了新赌局的期望效用（1.8）。如果效用可以通过这种方式指派，那么由此得到的效用称为**基数效用**，或者又称为“伯努利效用”，得名于数学家丹尼尔·伯努利（1700—1782）。并且我们称偏好具有**期望效用属性**。

如果我们可以指派基数效用，那么我们有多种指派方式。假设我们已经采用某种方式指派了基数效用，那么当且仅当赌局X在该效用指派方式下具有更高的期望效用时，赌局X比赌局Y要好。现在我们换种方式来指派效用，指派给每个回报的新的效用数值等于原来的效用乘以2再加7。正如我们已经看到的，这意味着任何一个赌局的新期望效用等于原来的数值乘以2再加7。此时，当且仅当X原来具有更高的期望效用时（也就是当且仅当X好于Y时），X具有更高的新期望效用。因此，当基数效用翻倍并加7时，它们的代表属性保持不变。更一般地，当基数效用以**线性**方式变换时（也就是说，当它们乘以或除以任何正数，或者加上或减去任何数字），它们的代表属性保持不变。一个常见的线性变换的例子是测量温度的两种方式之间的变换：华氏温度等于摄氏温度乘以1.8再加上32。

然而，基数效用在进行非线性变换时，其代表属性将发生变化。因为对效用进行其他变化无法保证期望效用以同样方式变化。比如，如果效用指派如下：

X	5
Y	3
Z	0

那么你喜欢 Y(也就是说,简化赌局让你以概率 1 得到 Y)胜过另一个赌局(以概率 0.5 得到 X,其余则得到 Z):两个赌局的期望效用分别为 3 和 2.5。但如果这些效用被它们各自的平方数代替,那么新的期望效用分别为 9 和 12.5。这两个数字说明你喜欢后一个赌局胜过 Y,但这是错误的。

假设我们以下列方式指派基数效用:回报 X 得到效用 v,而更好的回报 Y 则得到效用 u;显然 u 一定大于 v。如果我们从这两个效用中都减去 v,再除以 u−v(这应该是个正数),那么我们得到如下基数效用:Y 的效用为 1,而 X 的效用为 0。这意味着如果我们可以指派基数效用,那么我们可以这样来进行:为某个回报指派效用 0,为其他更好的回报指派效用 1。

在坚果的例子里,期望效用属性成立。对任意两个赌局,只要在第一个赌局中得到 A 的概率乘以 2 再加上得到 B 的概率大于第二个赌局中的相应数字,你就喜欢第一个赌局胜过第二个。如果我们指派效用如下:

A	2
B	1
C	0

那么赌局“A wp p,B wp q,其余得到 C”的期望效用为 2p+q,而赌局“A wp r,B wp s,其余得到 C”的期望效用为 2r+s。那么,因为当且仅当 2p+q 大于 2r+s 时,你喜欢第一个赌局胜过第二个,所以当且仅当第一个赌局有更高的期望效用时,你喜欢第一个赌局胜过第二个。换句话说,你的偏好具有期望效用

属性。

为了证明期望效用属性并非无关紧要,让我们回到蔬菜的例子。在这个例子中,你喜欢 A 胜过 B,但是喜欢赌局 X“以概率 0.9 得到 B,其余情况则得到 C”胜过赌局 Y“以概率 0.9 得到 A,其余情况得到 C”。既然你喜欢 A 胜过 B,我们可以指派 A 的效用为 1,B 的效用为 0。把指派给 C 的效用记做 u。那么 X 的期望效用为 0.1u,而 Y 的期望效用为 0.9+0.1u。因为你喜欢 X 胜过 Y,所以期望效用属性将要求 0.1u 大于 0.9+0.1u,这是不可能的。

在水果的例子里出现同样情况。你喜欢 A 胜过 B,喜欢 B 胜过 C,但是你喜欢 B 胜过任何可能给你 A 或 C 的赌局。既然你喜欢 A 胜过 C,我们可以指派 A 的效用为 1,C 的效用为 0。把 B 的效用记做 u。那么,因为你喜欢 B 胜过赌局“以概率 p 得到 A,其余情况得到 C”,其中 p 小于 1,所以期望效用属性要求固定值 u(小于 1)大于每个可能的 p。同样,这是不可能的。

出现下列情况并非巧合:(1)期望效用属性在坚果例子中成立,但在蔬菜和水果例子中都不成立;(2)在蔬菜和水果例子中,替换条件和连续条件至少有一项不成立,但在坚果例子中,两个条件均满足。当两个条件均得到满足的时候(也就是说,当偏好是理性的时候),期望效用属性总是成立。于是我们可以得到一个完整的概述:当且仅当偏好具备期望效用属性时,对于(概率性)赌局的偏好是理性的。

一些扩展

如果把时间纳入考虑,情况就将发生变化。来考虑两个赌局:每一个赌局都会在一年后(从今天开始计算)给你一百万美元，条件是轮盘赌的结果是偶数，否则你就一无所获。但这两个赌局并非完全一致：在第一个赌局里，轮盘是在今天转动的，而在第二个赌局里，轮盘是在一年后转动的。不仅这两个赌局不一样，而且你也不会以同样的方式来加以考虑。典型情况下，你会偏好第一个赌局，因为对未来财富的了解可以帮助你在接下去的一年里更好地规划人生。如果知道自己将要发财，那么你可以动用储蓄，或者预先借钱，一年后从一百万里补上。但是，我们在此所讨论的静态理论无法区分这两个赌局，因此也无法在时间以这样的方式产生影响时，来指导选择。

即使在一个静态的框架里，也不是所有问题都能直接解答。试考虑一个明显的悖论，被称为“阿莱悖论”，得名于诺贝尔经济学奖获得者莫里斯·阿莱（生于 1911 年）。首先，你会喜欢简化赌局 U“以概率 1 得到 240 美元”胜过赌局 V“以概率 0.33 得到 250 美元，以概率 0.66 得到 240 美元，另有概率 0.01 一无所获”吗？其次，你会喜欢赌局 X“以概率 0.33 得到 250 美元，以概率 0.67 一无所获”胜过赌局 Y“以概率 0.34 获得 240 美元，以概率 0.66 一无所获”吗？

停下来想一想。如果你喜欢赌局 U 胜过 V，那么你也应该喜欢 Y 胜过 X。要弄明白为什么会这样，让我们把得到 250 美元的效用指派为 1，把一无所获的效用指派为 0，把指派给 240 美元的效用记作 u。那么，如果你喜欢 U 胜过 V，U 的期望效用（即 u）必须大于 V 的期望效用（0.33+0.66u）。这意味着 0.34u 必须大于 0.33。既然 0.34u 是 Y 的期望效用，而 0.33 是 X 的期望效用，这也就意味着你的偏好具备期望效用属性，你喜欢 Y 胜过 X。

但是，在一次试验中，相当多的人声称他们喜欢U胜过V，并且喜欢X胜过Y。这意味着这些人的偏好并不具备期望效用属性，或者说，不满足替换条件或者连续条件中的某一项(事实上是前者)。原因似乎在于人们对小概率的结果过分关注。(一定程度上这或许解释了为什么人们购买国家彩票。这些彩票提供巨额奖金，但赢取的几率极其微小。)对此你要自己作出决定，记住我在第一章里提过的对于悖论可能产生的种种反应。

基数效用在进行线性变换时保持其代表属性，但在非线性变换时却并非如此。这一事实暗示，效用的差异现在具有某种意义。如果当采用某种效用指派方式时，一对回报之间的效用差异大于另外一对之间的效用差异，那么在采用任何一种效用指派方式时，前一对效用差异总是大于后一对。由此看来，基数效用似乎可以为赞成财富再分配的观点提供支持。处理这个问题需要一个新的框架，其中所有的回报都是一定数额的金钱。相应地，我将把这部分的讨论留到下一章来进行。

状态赌局

到目前为止，概率都是已经给定的。要讨论概率未定的赌局，我们要用到“世界状态”的概念，或者简称为“状态”。**状态**是对任何与你的选择相关并且你不能确定的因素的详细说明。在两匹马阿尔克夫和巴拉西亚进行比赛的情况下(假定至少有一匹马能完成比赛，并且不出现平局)，状态可能是“阿尔克夫获胜”或“巴拉西亚获胜”。正如本例所显示的，状态必须以这样的方式加以说明，即有且仅有一个状态会发生。

状态赌局是一系列可能得到的回报，每个回报有其相应的

图 7 阿尔克夫没有获胜：左二为阿尔克夫，骑在马背上的是本书作者

出现状态。在上面的赛马例子中可能出现的情况是："如果阿尔克夫获胜就赢得 200 美元，如果巴拉西亚获胜就输掉 100 美元。"我们可以把这个赌局写成："如果 A，+200 美元；如果 B，—100 美元。"

如果阿尔克夫的赔率是 2:1（下注 1 美元可以赢得 2 美元），我们可以把这个赌局称为"下注 100 美元赌阿尔克夫获胜”。如果巴拉西亚的赔率是1:2,那么赌局“下注100美元赌巴拉西亚获胜”就是:“如果A,−100美元;如果B,+50美元。”

状态赌局类似于具有多个回报的概率赌局,两者都包括一系列附带条件的回报:区别在于,在状态赌局中回报附带的是状态,而非概率。状态允许我们在概率没有给定时来考虑赌局的选择。这一点很重要。在几乎所有有趣的问题中,概率都是没有给定的:没人告诉你阿尔克夫获胜的概率,你的车被偷的概率,或者股市崩盘的概率。

当概率没有给定的时候,你怎么才能从多个赌局中作出明智选择?一个可行的建议是:(1)你为状态指派主观概率;(2)然后为回报指派效用;(3)然后在给定这些概率的情况下,选择带给你最高**主观期望效用**的赌局。为了说明这一过程,让我们回到赛马的例子,考虑一下如何在赌局“下注100美元赌阿尔克夫获胜”和赌局“下注100美元赌巴拉西亚获胜”之间进行选择。首先你为状态指派概率:设阿尔克夫获胜的概率为0.4,巴拉西亚获胜的概率为0.6。然后你为回报指派效用。三个可能获得的回报如下:

+200美元(对A下注,且A获胜)

+50美元(对B下注,且B获胜)

−100美元(下注的马输了)

你对这三个回报指派效用如下:

+200美元　5

+50美元　3

−100 美元　0

最后，你计算每个赌局在给定概率下的期望效用：如果对阿尔克夫下注，期望效用为 2；如果对巴拉西亚下注，期望效用为 1.8。因为对阿尔克夫下注所获得的主观期望效用大于对巴拉西亚下注时所获得的主观期望效用，你该对阿尔克夫下注。如果这样做，你对赌局的偏好就具有**主观期望效用属性**。你所指派的效用当然是基数的，且可以进行任何线性变换，但不能进行非线性变换。

下面来介绍一些不同的方法，我将在赛马的情景中进行逆推：我将从假定具备主观期望效用属性开始，然后来看哪些条件支持这一假定。并且，因为论述过程和概率给定的情况很相似，我将不再像当时那样展开详细论述。

基本想法很简单：通过观察选择模式，你能够推测其中的效用和概率。如果选择赌局“如果出太阳就得到鳄梨，否则就得到奶酪”，而不是赌局“如果出太阳就得到熏肉，否则就得到香肠”，这说明你喜欢鳄梨胜过熏肉，因此给鳄梨指派更高的效用。如果你同时还选择赌局“如果出太阳就得到鳄梨，否则就得到熏肉”，而不是赌局“如果下雨就得到鳄梨，否则就得到熏肉”，这说明你觉得出太阳比下雨更有可能，因此给出太阳的情况指派更高的概率。通过足够多的类似的脑力试验，你能够为所有的回报指派效用，为所有的状态指派概率。这样做了之后，你在行动时就会很自然地把这些概率和效用当做已经给定的信息，你的选择也将以取得最大期望效用为目的。

如果你的偏好具有主观期望效用属性，那么你的品位（由效用所代表）和你的信仰（由概率所代表）都是主观的。同样，你的品位和信仰是独立的:你不会因为某事更有可能发生才更看重它,也不会因为更看重某事才觉得它更可能发生。而且,你指派给某个回报的效用并不取决于你得到它时的状态:不管阿尔克夫胜或败,200 美元对你来说都是一样的。最后一个要求很严苛。它可能在赛马的例子中成立,但在其他情形下则不成立。

比如,让我们试着考虑欧元的兑换率(以欧元兑美元的价格来表示)。简单起见,我将假定只有两种可能状态:兑换率上升和兑换率下降。你有两种可能的赌局:买入欧元,卖出欧元。如果买入,且兑换率上升,你获得 100 美元;但如果兑换率下降,你损失 100 美元。如果卖出,且兑换率上升,你损失 100 美元;但如果兑换率下降,你获得 100 美元。问题之所以复杂,是因为当兑换率上升时获得的 100 美元不同于兑换率下降时获得的 100 美元:在第一种情况下你要购买的进口货物的成本大于在第二种情况下的成本。更一般地,你指派给某个回报的效用取决于你得到该回报时的状态。

如果像本例这样,我们觉得主观期望效用属性过于苛求,我们可以降低要求,允许效用取决于状态。例如,你不再是给失去 100 美元的情况指派效用 0,给获得 100 美元的情况指派效用 1,而是可以指派效用如下:

在兑换率下降情况下获得 100 美元	4
在兑换率上升情况下获得 100 美元	3
在兑换率下降情况下失去 100 美元	1
在兑换率上升情况下失去 100 美元	0

将这些效用乘以相应的概率并将结果相加就得到一个赌

局的**取决于状态的主观期望效用**。如果你选择了具有最高的取决于状态的主观期望效用的赌局,那么就可以说你的偏好具有**取决于状态的主观期望效用属性**。

显然,相比(完全的)主观期望效用属性,这是一种较弱的属性。

要看清什么样的条件可以支持(完全的或者取决于状态的)主观期望效用属性, 我们必须允许状态赌局的回报本身就是赌局,正如我们允许概率赌局的回报是赌局一样。然后我们可以用类似于解释混合概率赌局的方式来解释混合状态赌局。这样做反过来又允许我们将替换条件和连续条件应用到状态赌局:回想一下,这两个条件都可以只用混合赌局来表示,而不涉及概率。

一旦我们这样做了之后,我们就可以直接来描述取决于状态的主观期望效用属性:当且仅当偏好满足替换条件和连续条件时(当它们应用于状态赌局时),偏好具备这一属性。

然而,替换条件和连续条件并不保证偏好具备完全的主观期望效用属性。这需要一个新的条件:如果你在某种状态下喜欢一个赌局胜过另一个,那么你应该在所有状态下,都保持这一偏好。这一条件被称为**公正条件**,相比我们已经遇到的其他条件,公正条件更为严格。假设两种状态分别是下雨和出太阳,一个(简约)赌局确定提供一把雨伞,另一个赌局则确定提供一瓶水。那么你可能会违背公正条件,在下雨状态下更喜欢雨伞,而在出太阳状态下更喜欢水。

尽管较为严格,公正条件和其他两个条件一起提供了我们所寻求的描述:当且仅当偏好满足替换条件、连续条件(当它们

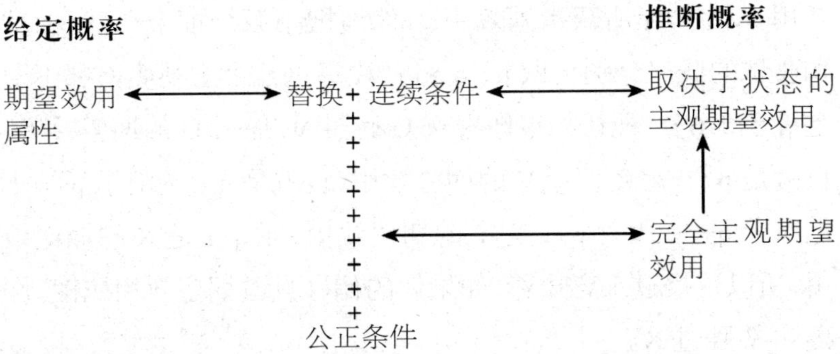

图 8 不确定条件下的选择示意图：加号代表结合，双箭头代表相等，单箭头代表隐含

应用于状态赌局时）以及公正条件时，偏好具备完全的主观期望效用属性。

本章所论述的各个概念之间的联系如图 8 所示。

进一步扩展

在状态赌局的背景下有一个和“阿莱悖论”类似的问题叫“埃尔斯伯格悖论”。一个瓮里装着红、白、蓝三色彩球，要从中随机抽出一个。已知三分之一的球是红色的，但是白色球的比例（或者蓝色球的比例）是未知的。首先，你是否喜欢赌局 U“如果抽到红色球就得到 100 美元，否则一无所获”胜过赌局 V“如果抽到白色球就得到 100 美元，否则一无所获”？其次，你是否喜欢赌局 X“如果抽到白色球或蓝色球就获得 100 美元，否则一无所获”胜过赌局 Y“如果抽到红色球或蓝色球就得到 100 美元，否则一无所获”？

停下来想一想。如果你喜欢赌局 U 胜过 V，那么应该同样喜欢 Y 胜过 X。要明白为什么会这样，让我们为 100 美元指派效用 1，为一无所获指派效用 0，然后把指派给抽中红球、白球和蓝球的概率分别记做 p、q 和 r（注意这几个主观概率都不一定等于 1/3）。现在如果你喜欢 U 胜过 V，那么 U 的期望效用，也就是 p，一定要大于 V 的期望效用，也就是 q。这暗示 p+r 一定大于 q+r。因为 p+r 是 Y 的期望效用，而 q+r 是 X 的期望效用，所以这反过来意味着，如果你的偏好具备期望效用属性，你喜欢 Y 胜过 X。

但是，在试验中，相当大比例的人声称他们喜欢 U 胜过 V，同时喜欢 X 胜过 Y。这意味着这些人的偏好不具备取决于状态的主观期望效用，或者说，不满足替换条件或连续条件（事实上，是前者）。出现这一现象，看起来原因在于人们偏好概率给定胜过自己去推断概率。对此，你还是应该有你自己的判断。

阿莱悖论涉及概率赌局，而埃尔斯伯格悖论则涉及状态赌局。另外还有第三种悖论，称为"纽科姆悖论"，因哲学家罗伯特·诺齐克（1938—2002）的提问而广为人知，它涉及在不确定性条件下的一般选择。假设你面前有两个箱子，一个打开，另一个关闭。你必须同时选择两者或者只是关上的那个箱子。在打开的箱子里你看到有 100 美元；并且你被告知存在某个超能生物，它总能正确预测未来。如果它预测到你只选那个关闭的箱子，它就会在里面放入 100 万美元；否则它就什么也不放。你会选择要两个箱子，还是只选关上的那个？

诺齐克向很多人提了这个问题，他发现"几乎每个人都很清楚该做些什么。困难在于这些人意见明显存在分歧，分成人数大致相当的两半，且很多人认为另一半的人极其愚蠢"。看起来任何只选关闭的箱子的人确实是愚蠢的：那个超级生物可能已经放了或者没有放入 100 万美元，所以你完全可以同时选择两个箱子（正如诺齐克自己在长篇累牍的分析之后将会做的那样）。但是，你应该作出你自己的回答。［在你准备回答的时候，不妨想想诺贝尔物理学奖得主尼尔斯·波尔（1885—1962）。当他被问到为什么在墙上挂了一块幸运马蹄铁时，据说他这样回答："并不是因为我相信它；而是有人告诉我，不管人们是否相信，它都能起作用。"］

小结

不确定性条件下的选择涉及从赌局中作出选择，包括概率给定和未定两种情况。

替换条件要求，如果你喜欢第一个赌局胜过第二个，那么对于这两个赌局分别以相同权重和第三个赌局组成的混合赌局，你喜欢第一个混合赌局胜过第二个。

连续条件要求，如果你喜欢第一个赌局胜过第二个，且喜欢第二个胜过第三个，那么必定存在由第一个赌局和第三个赌局组成的某个混合赌局，使得你认为它和第二个赌局无差异。

概率赌局的期望效用由以下方式计算获得：把每个回报乘以相应的概率，再把结果相加。如果你在当且仅当某个赌局具有更高期望效用时，喜欢该赌局胜过另一个，那么你对于概率赌局的偏好就具备期望效用属性。

当且仅当偏好具备期望效用属性的时候，你对于概率赌局的偏好是理性的，也就是说，满足替换条件和连续条件。

一个赌局的取决于状态的主观期望效用由以下方式计算获得：将各个状态下所获得的回报分别乘以与该状态相联系的概率，再把结果相加。如果当且仅当某个赌局具有更高的期望效用时，你喜欢该赌局胜过另一个，那么你对于状态赌局的偏好就具备取决于状态的主观期望效用属性。如果当且仅当某个赌局具有更高的期望效用时，你喜欢该赌局胜过另一个，且指派给回报的效用独立于获得该回报的状态，那么你的偏好就具备（完全的）主观期望效用。

公正条件要求，如果你在某个状态下喜欢某个赌局胜过另一个，那么你在所有状态下都偏好该赌局。

当且仅当偏好满足替换条件和连续条件（当应用于状态赌局时），偏好具备取决于状态的主观期望效用属性；当且仅当偏好在满足替换条件和连续条件的同时还满足公正条件时，偏好具备完全主观期望效用属性。

第四章
赌博与保险

我们现在暂且离开正题，来讨论在赌局中作选择的一个特例，那就是所有的回报都是一定金额的金钱。我将主要在概率给定（而不是未定）的背景下来讨论。但是，根据第三章中的讨论，概率给定的情况也可以在另一个背景下来解释，即用主观概率来代替给定概率。

对待风险的态度

我们可以用最终财富或得失数字两种形式来表达涉及金钱的赌局。例如，假设你的现有财富是 5000 美元，那么如果某个赌局使你的最终所得变成要么是 4000 美元，要么是 6000 美元，就可以表示为你要么获得 1000 美元，要么损失1000 美元。我将根据不同情况，灵活使用这两种表述方式。为了作出区分，我在用得失法表示赌局时，在金额数字前加上加号或减号。

我将假定财富连续变化，这么假定的原因你随后就会明白。我还将允许讨论涉及任何赌局（除了那些可能使你的财富降为负数的赌局），不管这些赌局可能在多大程度上增加你的财富。（在此顺便提一下，这也意味着存在无穷多的回报。）

在第三章所作研究的基础上，我们可以为每个可能的回报

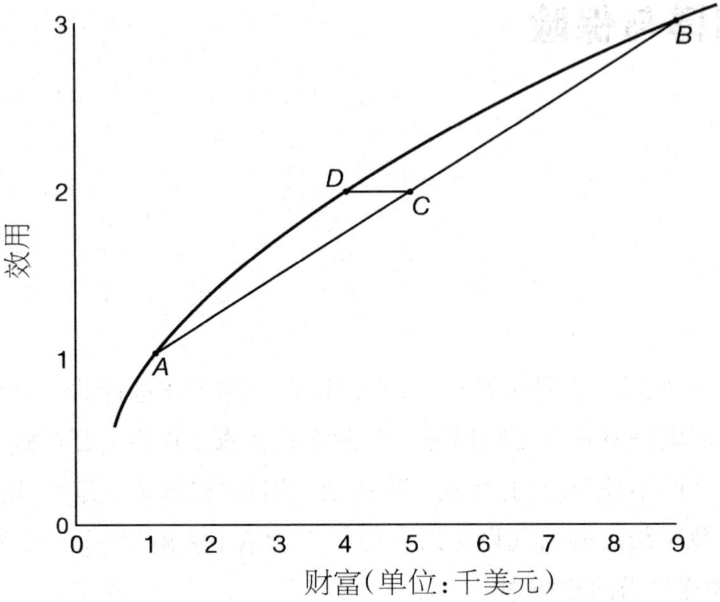

图 9 效用分配方案:该赌局可能使你的财富变为 A 点或 B 点,两种变化概率相等;该赌局的期望价值是你在 C 点的财富;该赌局的确定性对等物是你在 D 点的财富。这个赌局的风险酬金等于 C 和 D 两点之间的距离。

指派基数效用。如果我们认为你从某个给定水平的财富开始,这就相当于为每个财富水平指派效用,或者说规定一个**效用分配方案**。比如,你的效用分配方案可能为每个财富水平(以千美元为单位)指派该水平的平方根。举例来说,在这种情况下你将给 4000 美元指派效用 2。(我将把这个分配方案称为平方根分配方案。)一个效用分配方案可以用图表说明,横轴代表你的财富,纵轴代表你的效用。这样的分配方案(事实上是平方根分配方案)如图 9 所示。

该图具有多个属性。首先,曲线向上倾斜:我有充分理由假定，你喜欢财富越多越好。这正是曲线向上倾斜的原因。其次，曲线是凹的，即连接曲线上任何两点的线段都整体位于曲线之下：我将留到以后再来讨论这一重要属性。再次，曲线是连续的，即没有跳跃。这一属性隐含在曲线内凹的形状中：画一幅带有跳跃的曲线，你就可以在两点间画一条线，这条线不会整体处于曲线之下。

我将用到赌局的两个方面：它的**期望价值**和**确定性对等物**。某个赌局的期望价值可以通过下列方法来计算：将每个回报乘以它的概率，然后将所得数字相加。例如，赌局"以概率0.2获得 9000 美元，以概率 0.5 获得 5000 美元，以概率 0.3 获得1000 美元"的期望价值(以千美元为单位)等于：$(9\times 0.2)+(5\times 0.5)+(1\times 0.3)$，即 4600 美元。[期望价值与期望效用类似。但是，期望价值仅在所有回报都用同一单位(如美元)衡量时才有意义。如果不同回报的单位不同，我们就不能笼统地把它们与概率相乘，再把结果相加。]如果某个赌局的期望价值为0，我把这样的赌局称为"公道的"；如果期望价值为正，则称赌局为"有利的"；若期望价值为负，则称为"不利的"。("公道的"在这里只用做统计学术语，没有任何伦理含义。)

某个赌局的确定性对等物是你愿意接受用来替代该赌局的金额，或者说，你愿意支付以得到该赌局的金额。更确切地说，确定性对等物指一定数额的金钱，如果能够确定得到这笔钱，你将认为它和该赌局无差异。显而易见，一个赌局有且只有一个确定性对等物。[如果我们不允许财富连续变化，只能以一定数额(如 1 美元)跳跃式变化，那么情况就会不同：可能你会认为 1000 美元不如某个赌局，而 1001 美元又比该赌局好。]

为说明确定性对等物的计算过程，假设你以平方根分配方案来指派效用,让我们试着分析这样一个赌局:如果接受该赌局,你的财富要么增加到9000美元(此时你的效用为3),要么减少到1000美元(此时你的效用为1),两种情况出现的概率相等。该赌局的期望效用为2,确定性对等物就是当你的效用等于期望效用(即等于2)时,你的财富水平(也就是说,等于4000美元)。如上图所示:该赌局的结果是你的财富变为A点或B点;你的期望效用等于你在C点的效用;而确定性对等物等于你在D点的财富。

如果就某个赌局而言,你喜欢在确定性条件下的期望价值胜过该赌局本身,那么我会说,你是**风险厌恶**的。同样,如果期望价值大于确定性对等物,你也是风险厌恶的。反之,如果你喜欢赌局胜过它的期望价值,或者期望价值小于确定性对等物,你是**风险喜好**的。期望价值与确定性对等物之间的差额被称为该赌局的**风险酬金**。对于我们刚才讨论的那个赌局(以同样概率使你的财富可能变为9000美元或1000美元),它的期望价值为5000美元,因此风险酬金就是5000－4000美元,即1000美元。这也反映在上图中:该赌局的期望价值是你在C点的财富;而风险酬金等于C和D两点之间的距离。

显然,如果一个赌局的风险酬金为正,对于该赌局来说,你就是风险厌恶的;反之,如果风险酬金为负,你就是风险喜好的。如果你对于任何赌局都是风险厌恶的,那么我会说,你是(无条件)风险厌恶的。如果你对于任何赌局都是风险喜好的,那么我会说,你是风险喜好的。显而易见,如果效用分配方案的曲线是凹的,你就是风险厌恶的;反之,如果曲线是凸的,你就是风险喜好的(凸与凹正好相反)。

看起来风险厌恶是正常的。如果你认为自己是风险喜好的，下面的例子或许会改变你的想法（这个例子由丹尼尔·伯努利提出，我们在第三章已经提到过他。因为这个例子最早在俄罗斯圣彼得堡科学院的报告中被提到，所以得名）。

圣彼得堡例子

一个赌局通过多次抛掷一枚硬币、直至出现一次正面朝上来得到结果：如果只需掷一次，回报为 2 美元；如果掷两次，回报为 4 美元；如果掷三次，回报为 8 美元，依此类推。你需要为这个赌局准备多少钱？也就是说，你的确定性对等物是多少？暂停并思考。

如果你准备支付的金额少于该赌局的期望价值，你就是风险厌恶的，至少就这个赌局而言。尽管可能出现的回报数目是无穷的，但很容易计算出期望价值。在下表中，第一行给出数字 n，表示掷出一次正面朝上所需的次数。第二行是掷 n 次的情况下所得的回报。第三行是需要 n 次才能掷出正面朝上的概率（实际就等于获得 n 个规定结果的概率，其中每个结果的概率为 0.5，连续相乘）。第四行是由第二行的回报乘以第三行的概率所获得的结果。

抛掷次数	1	2	3	…
回报	+2 美元	+4 美元	+8 美元	…
概率	1/2	1/4	1/8	…
结果	1 美元	1 美元	1 美元	…

把第四行中的数额相加就得到期望价值。因为这是对一个单项为 1 美元的无穷数列进行加总，所以总和是无穷大。因此，

尽管你也许急匆匆地答应为这个赌局付 1 美元，你还是风险厌恶的。再次暂停并思考：根据现有讨论，你会准备付多少？随机观察显示，通常人们愿意付 16 美元。

测量风险厌恶

既然我们大家似乎都是风险厌恶的，从现在起，我将假定这一点。试回想，风险酬金是正的，因此当且仅当你的效用分配曲线是凹的，你是风险厌恶的。其实，效用分配曲线凹的幅度越大，风险酬金越高，因此你厌恶风险的程度也越高，这一点看似很合理。这说明，我们可以把某个财富水平点上的曲线凹度解释为你在该水平的**风险厌恶量度**。

如果想要这么做，我们必须能够测量曲线的凹度。我们可以在任何财富水平上测量效用分配曲线的斜率。对于任意小的财富变化来说，曲线斜率等于其垂直变化，或者说效用变化，除以其横向变化，或者说财富变化（因此，某一点的斜率就等于该点财富的边际效用）。随着财富水平变化，斜率也随之变化：如果曲线是凹的，斜率变得越来越平坦，或者说，随着财富增加，斜率减小。曲线的凹度由斜率减小的比例幅度（即斜率减小的幅度除以斜率本身）来衡量。

为说明风险厌恶量度的计算，假定你的效用分配方案是平方根分配法。那么在 4000 美元左右的财富水平，你的效用（大约）是：

3999 美元	1.9997
4000 美元	2.0000
4001 美元	2.0002

效用分配曲线的斜率在略低于 4000 美元的水平等于 2.0000－1.9997，即 0.0003；而曲线斜率在略高于 4000 美元的水平等于 0.0002。因此，斜率减小的幅度等于 0.0001；再除以斜率本身的平均值，即除以 0.00025，从而得到减小比例幅度，或者说风险厌恶量度，等于 0.4。（当然这只是大约值，因为财富变化的幅度是以 1 美元为单位，而不是任意小的变化；此外，还有小数点进位的误差。）

还需要再确认，这一量度方式究竟在多大程度上有效。首先要注意的是：如果你的效用以线性方式变换，你的风险厌恶量度不会变化。这是因为，如果把所有效用都翻倍，斜率和变化幅度也都翻倍。而如果把所有的效用都加上 7，斜率和变化幅度都不会变化。

现在来考虑我们怎样比较你我各自的风险厌恶。一个简单的方法是：如果我愿意接受任何你接受的赌局，但反之则不然，那么你比我**更加厌恶风险**。显而易见，当且仅当你对任何赌局的风险酬金大于我的，这一点才成立。但是，在你比我更加厌恶风险这一判断和我们的风险厌恶量度之间有没有任何联系？答案是有。当且仅当在任何财富水平上你的风险厌恶量度大于我的时，你比我更加厌恶风险。

到目前为止，我们对风险厌恶的量度看起来无懈可击。要明白哪里可能会有问题，我们需要来考虑一个赌局比另一个**更具风险**究竟意味着什么。试考虑下列两个公道赌局：赌局 X“以概率 0.4 得到 150 美元，以概率 0.6 失去 100 美元”，和赌局 Y“以概率 0.2 得到 400 美元，以概率 0.8 失去 100 美元”。假设你选择赌局 X，并且如果获胜，下注 250 美元掷硬币。也就是说，进一步选择赌局“以概率 0.5 得到 250 美元，以概率 0.5 失去

250 美元”。(如果在赌局 X 中失利,你不再继续。)采用在第三章中已经讨论过的评估复合赌局的方法,不难发现这个两阶段的赌局相当于单阶段的赌局 Y。因此,赌局 Y 可以被看做赌局 X 加上一个公道赌局:我们可以很合理地说,Y 比 X 更具风险。更普遍地,在比较公道赌局时,如果第一个公道赌局相当于第二个再加上一个或多个公道赌局,那么第一个公道赌局就比第二个更具风险。

对于非公道赌局,我们可以通过它们的风险部分,即它们相对于期望价值的得失,来比较它们的风险性。更确切地说,一个赌局的**风险部分**是该赌局所有的回报之和减去它的期望价值;这当然是一个公道赌局。比如,赌局 Z“以 0.2 的概率得到 500 美元,以 0.8 的概率一无所得”,它的期望价值是 100 美元,而它的风险部分则是公道赌局 Y。一般来说,如果第一个赌局的风险部分比第二个赌局的风险部分更具风险,那么第一个赌局就比第二个更具风险。

现在我可以回到本书主题。让我们来考虑两个赌局 X 和 Y,两者具有相同的期望价值。如果你是风险厌恶的,那么不出所料,只要 X 的风险小于 Y,你总会选择 X 而不是 Y。到目前为止这很正常。但是现在来考虑两个新的赌局 U 和 V:U 比 V 具有更高的期望价值,但是也更具风险。如果你选择 U 而不是 V,并且你比我更加厌恶风险,那么很自然我也会选择 U 而不是 V。如果更高的期望价值对你来说是对额外风险的补偿,那么对我来说同样如此。如果 V 是个简化赌局,那么显而易见,情况就是如此。但是,一般来说,情况并非如此。

于是我们已经有了一个问题。看起来我们要么是对于风险厌恶的量度,要么是对于一个赌局比另一个更具风险究竟意味着什么这一点的理解，存在着漏洞。你要修正哪一个？

一些扩展

赌博（日常生活中的口头用法）和保险都涉及接受一个赌局（选择理论的术语用法）。赌博涉及接受一个新赌局。如果你在一局轮盘赌中下注 100 美元赌红色，那么你就接受了赌局 X，它的回报是得到 100 美元（红色出现）和失去 100 美元（红色没有出现）。保险涉及接受一个赌局，它将抵消另一个已有的赌局。如果你有一辆价值 5000 美元的车有可能被偷，那么你已经有一个赌局 Y，它的回报是：失去 5000 美元（车被偷），一无所失（没有被偷）。如果你随后接受赌局 Z，它的回报是：得到 4940 美元（车被偷），失去 60 美元（没有被偷），那么你最终就是接受了净（简化）赌局，它的回报是：失去 60 美元，不管你的车是否被偷。接受赌局 Z 抵消了你的原有赌局 Y：它以保险费 60 美元进行了投保。

如果轮盘赌只有一个轮槽为零，那么其他轮槽就包括 18 个红色槽和 19 个非红色槽（零既非红色，也非黑色），所以你的轮盘赌局 X 的期望价值即为：(+100×18/37)+(−100×19/37)，即约等于 −3 美元。如果你的车被偷的概率为 0.01，那么你的保险赌局 Z 的期望价值即为：(4940×0.01)+(−60×0.99)，即−10美元。所有的商用轮盘赌都有零槽，所以在赌场玩轮盘赌就是在接受不利赌局。（所有有组织的赌博都是对游戏者不利的：极端的例子是国家彩票。下注 100 美元通常相当于接受一个期望价值为 −50 美元的赌局。）既然保险公司有成本，那么保险也相当于接受不利赌局。

在不利条款下进行赌博或保险都没有任何不合理之处。但

图 10　轮盘赌，棕榈滩县

是，显而易见，如果你是风险厌恶的，那么你不会在不利条款下赌博，尽管你可能会保险。同样，如果你是风险喜好的，那么你不会在不利条件下保险，尽管你可能会赌博。但是，随机观察发现似乎很多人在不利条款下，既赌博也保险：他们买国家彩票，又给车上保险。如果你买了国家彩票，那么你一定是风险喜好的；如果你给车买保险，你一定是风险厌恶的。你怎么可能同时做这两件事呢？

我们对于这一难题的解答取决于这样一个事实：你可能在财富的某些水平上是风险厌恶的，但在另外一些水平上则是风险喜好的。尤其是你在贫穷的时候可能回避风险，但当你变富之后就会准备去冒险。回想一下，如果你是风险厌恶的，那么你的效用分配方案的曲线就是凹的；如果你是风险喜好的，曲线就是凸的。但是,如果你在财富较低水平是风险厌恶的,而在较高水平是风险喜好的,那么你的效用分配曲线就是在低水平凹,而在高水平凸。

举例来说,假设你现有的财富是 5000 美元,你的效用分配方案如下:

1000 美元 2
3000 美元 9
5000 美元 10
7000 美元 11
9000 美元 18

首先考虑下注 2000 美元赌一匹赛马,赔率是 2 比 1。这个赌局将会以 1/3 的概率(你的马赢了)使你的财富增加到 9000 美元,或者以 2/3 的概率(你的马输了)使你的财富减少到 3000 美元。赌局的期望效用为:(18×1/3)+(9×2/3),即等于 12。这超过了你现有财富的效用(等于 10),所以你将接受该赌局。

现在考虑你的保险决定。你可以为价值 6000 美元的车投保,保费为 2000 美元。你的确定财产为 5000 美元,这意味着你的车已经被保险:你必须选择是否取消你的保险。取消涉及接受一个新赌局,它将使你的财富以 2/3 的概率增加到 7000 美元(车没有被偷),或者以 1/3 的概率减少到 1000 美元(车被偷了)。这一新赌局的期望效用为:(11×2/3)+(2×1/3),即等于 8。因为这少于你的现有财富(还是等于 10),你将不会接受这个新赌局,即你将投保。注意,这个例子显示,你可能在公道条款下同时进行赌博和保险。显而易见,如果条款变得略微有些不利,你还是会继续同时赌博和保险。

如图所示,你的现有财富为 A 点。赛马赌局将使你的财富变为 B 或 C,因为你的期望效用高于你在 A 点的效用,所以你接受该赌局。新的保险赌局将会使你的财富变为 D 或 E,你的期望效用低于你在 A 点的效用,所以你不接受该赌局(即选择投保)。

尽管这个解决方案颇为巧妙,但人为构造的痕迹略显突出。它不仅要求你的效用分配曲线具备所需的形状,而且要求你的现有财富在所需位置:你的财富不能高于 E 点(否则你就不会保险),也不能低于 B 点(否则你不会赌博)。

另一种解答是:人们在所有财富水平都是风险厌恶的,因

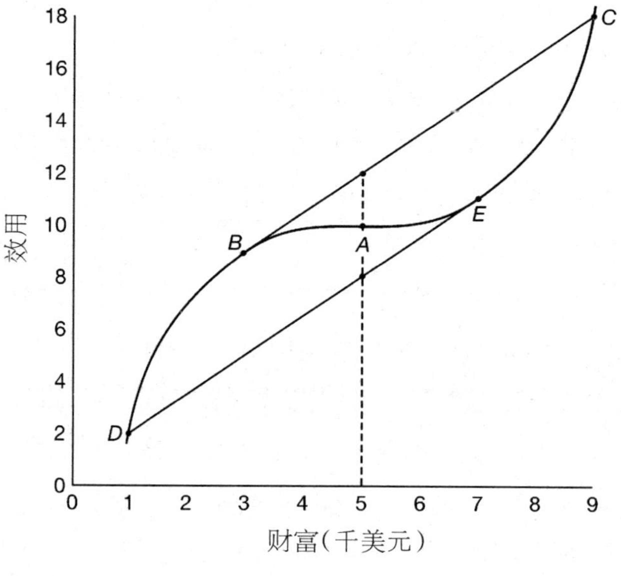

图 11 赌博与保险:如果你的财富为 A,你将接受某个公道赌局,它使得你的财富可能变为 B 或 C,但拒绝另一个公道赌局,它可能使你的财富变为 D 或 E。

此他们在不利条款下投保但不赌博:他们只是看起来要赌博而已。如果阿尔克夫赢得马赛的赔率是 2 比 1,而你认为它获胜的概率是 0.4, 那么即使你是风险厌恶的, 你也可以下注赌它赢。因为你这样做等于是接受一个赌局:"以概率 0.4 得到 200 美元,否则失去 100 美元。"该赌局的期望价值是 20 美元。

你可以很合理地相信阿尔克夫获胜的概率为 0.4:信心,就像品位一样,是主观判断。你应该明白赌马组织者也有成本,因此随意对赛马下注就是在不利条款下进行赌博。但你会认为自己有一些私人信息,并不是在随意下注:你,且只有你,看到阿尔克夫眼神里的光芒,它要统治赛场。通常你的这种迷信都是错误的,但那是另一回事。

表面看来,这个解决办法在轮盘赌或国家彩票的例子中不如在赌马例子中那么可信。的确,每个人都知道在轮盘赌和彩票例子中所有数字都以均等机会出现。你或许知道这一点,但还是有无数的书和方法在告诉你怎么赢得轮盘赌或者在买彩票时选哪几个数字,这说明并非每个人都知道。

我现在回到第三章提出的问题:基数效用是否能为赞成财富再分配的观点提供理论基础。回想一下,尽管当采用序数效用时,边际效用的概念没有意义;但当采用基数效用时,它就有一定意义。这是因为如果在某种基数效用指派方式下,你指派给 1000 美元和 2000 美元的效用之间的差额大于指派给 8000 美元和 9000 美元的效用之间的差额,那么在任何指派方式下,前者都大于后者。但这意味着什么?这意味着你是风险厌恶的,仅此而已。尤其是,这并不意味着如果 1000 美元从某个有 9000 美元的人手中转移到某个只有 1000 美元的人手中会产生净收入。其他且不论,这将涉及对不同人的效用进行没有依据的比较。在本例中，更确切地说是把某种对快乐或福利的量度仅仅解读为用数字方式来表示对风险的态度。即使我们能忽略人际之间比较的问题，用基数效用来支持财富再分配，我们也只是基于人们对风险的态度来进行再分配。如果人们是风险喜好的，那么在此基础上的再分配将是“劫贫济富”。

另一种更为缜密的为再分配辩护的做法是使用一张想象的**无知面纱**。假设每个人都来斟酌全部可能的财富分配方案。对于 1000 万人口的集合来说，分配方案可能包括：

100 万人得到 1000 美元，500 万人得到 4000 美元，还有 400 万人得到 8000 美元

100 万人得到 1000 美元，还有 900 万人得到 5000 美元

1000 万人得到 2000 美元

并非所有分配方案都具有相同总和，但从中我们可以发现，财富分配方案需要我们参与，并且一些方案比其他方案为我们的参与提供了更多激励。

这些人在不知道自己在这些分配方案中所处位置（即在初次分配时，不知道他的财富究竟是 1000 美元、4000 美元，或是 8000 美元）的情况下，每个人选择一种分配方案。据称，每个人将选择某个分配方案，使得最穷的人（或者最穷的人群）获得最大数额：在现有的例子中，每个人将选择“1000 万人得到 2000 美元”。另据称，在无知面纱下人们选择的分配方案是公正的，并且如果真实分配方案不同于所选方案，就有理由进行再分配。这就是由哲学家约翰·罗尔斯（生于 1921 年）提出的差异原则：

所有的社会价值——自由和机会、收入和财富，以及自尊的基础——将被平等分配，除非其中任何一种或者全部价值的不平等分配方案对所有人有利。

第一个声明，即每个人会选择给最贫穷的人最大数额的分配方案，是很实际的，且直接和选择理论相关。在面纱背后，你不得不从一些赌局中进行选择，比如下列三个：

以概率 p 得到 1000 美元，以概率 q 得到 4000 美元，剩余情况则得到 8000 美元

以概率 r 得到 1000 美元，剩余情况则得到 5000 美元

以概率 1 得到 2000 美元

如果你是极端风险厌恶的，你将单选这三个赌局中的最后一个。确实，如果你喜欢第三个赌局胜过第二个，那么不管你以概率 r 得到的价值是多少，你都违反了连续条件。因此声称每个人将选择给最贫穷的人最大数额的分配方案，这一点似乎不能成立。

第二个声明，即在无知面纱背后，人们选择的分配方案是公正的，并且如果真实分配方案不同于所选方案，就有理由进行再分配。这个声明属于伦理学范畴：选择理论将无法说明这一点。但是，我顺便提一下，还有其他观点。其中之一是如果某种财富分配方案是自愿行为的结果，而不是出于其他原因，那么它就是公正的。如果你比我有钱，因为你勤奋工作，而我很懒，这就无话可说了：任何人都不该把你的财富分拨给我。这就是

罗伯特·诺齐克(我们在第三章已提到过他)所阐发的理论:

> 我们并不是处于孩子的位置,孩子们得到一定份额的馅饼,分的人在最后一刻作了细微调整以修正粗心的切割。不存在主导性的分配方案,没有人或集体有权控制所有资源,并决定资源该如何划分。比如,每个人得到什么,他从其他人那里得到什么以作为交换,或者作为礼物。在一个自由社会里,不同的人控制不同的资源,并且出于人们的自愿交换和自愿行为,新的财产所有格局会出现。正如在一个自由选择对象的社会里不存在配偶分配,我们的社会里也不存在财富分配或者说份额分配。

小结

在所有回报由金钱数额组成的赌局中,你的选择体现了你对风险的态度。

赌局的风险酬金等于:(1)赌局的期望价值,即把每个回报乘以相应概率,再把所得数字相加;减去(2)赌局的确定性对等物,即你愿意接受用以替代该赌局的金额。

在某个财富水平上的风险厌恶量度是效用分配曲线在该水平上斜率减小的比例幅度。

如果我愿意接受你所接受的任何赌局,但反之则不然,那么你就比我更加厌恶风险。

你比我更加厌恶风险,当且仅当(1)对于所有赌局你的风险酬金都大于我的风险酬金,并且(2)在任何财富水平你的风险厌恶量度大于我的风险厌恶量度。

第五章

冲突与合作

现在我回到本书主题，来考虑候选菜单由策略选项组成的情况。我把这些选项称为行为，比如作出一个或高或低的拍卖报价。这是博弈论的框架。但我将侧重于研究当你一个人进行选择的时候，怎样才是理性的，而博弈论则关注我们应该如何以某种共同稳定的方式进行各自的选择。

情形

在一个策略框架里，你在选择你的行为的时候，知道我也将独立选择某个行为，而结果将取决于我们各自的选择。你必须在这种情况下作出你的选择。

在开始前，我们要先了解互知信息的概念。互知信息不同于共同信息。如果我们各自知道某件事，它就属于共同信息。如果我们不但各自知道某件事，而且知道对方知道这件事，知道对方知道我们知道他知道这件事，依此类推，这样的信息就属于互知信息。试举一例说明互知信息和共同信息的区别。假设你我各自发到一张牌。两张牌的花色都是红色，但我们并不知道：我们各自只知道自己牌的花色。此时，发牌人先问我，然后问你，是否知道对方牌的颜色。显然，我们都回答不知道。发牌人随即告诉我们至少其中一张牌是红色的，然后他重复了刚才的问题。我再次回答不知道。但是你一听到我的回答，就会意识到我的回答表明我手中的牌肯定不是黑色，因此你推断出我的牌是红色的，并且回答说你知道。这个例子的要点在于当你被告知某个你已经知道的信息（至少一张牌是红色的）之后，你的回答变了，从否定变为肯定。改变的理由是你所获得的信息从共同信息变为互知信息。

一个策略问题的所有细节都属于互知信息，包括：我们各自所选择的行为，产生的结果，以及我们各自（根据第三章的结果）对此所指定的效用。互知信息还包括我们各自都理性地作出选择，这一点尚待具体探讨。

举一个策略问题的例子。假设在一次拍卖中，你我各自作出一个封闭报价。拍卖品是一瓶价值为 100 美元的酒。为简化问题，只允许两种报价：高价 96 美元和低价 94 美元。在我们各自递交报价后，拍卖师打开报价，将酒交给报价更高的人。随即报价者按所报价格付款给拍卖师。如果双方报价相等，则报价师将酒平均分给两人，同时两人各自支付一半报价。很显然，你每次报价的所得取决于我的报价，反之亦然。如果你报高价，我报低价，则你的所得为 100－96 美元，即 4 美元。如果你报低价，我报高价，你的所得为 0，因为你的报价没有被接受。如果我们都报高价，则你的所得为 0.5×4 美元，即 2 美元。如果我们都报低价，则你的所得为 0.5×6 美元，即 3 美元。我的所得也可以这样计算。你必须要选择究竟是报高价还是报低价。

拍卖的可能结果如下表所示，其中结果“4 美元，0 美元”代表你的所得为 4 美元，而我的所得为 0 美元，依此类推。

	我报高价	我报低价
你报高价	"2 美元,2 美元"	"4 美元,0 美元"
你报低价	"0 美元,4 美元"	"3 美元,3 美元"

你和我各自对这些结果指派基数效用。比如,我们可以指派效用如下:

结果	你	我
"0 美元,4 美元"	0	3
"2 美元,2 美元"	1	1
"3 美元,3 美元"	2	2
"4 美元,0 美元"	3	0

你对于某个使你的收益为 0 美元而我的收益为 4 美元的结果指派效用 0,依此类推。

这一效用指派方式有三个方面值得一提。第一,你和我各自对整个结果,而不仅是对我们各自的收益指派效用:你可能希望我过得好,因此,在其他条件不变的情况下,你会为某个使我得到更多收益的结果指派更高效用。或者你也可能希望我过得不好,或者根本就不关心我。第二,既然我们指派的是基数效用,它就已经包含了对于风险的态度。因此,如果你选择一个赌局,以各占一半的概率得到结果"2 美元,2 美元"和"4 美元,0 美元",那么在上述效用分配方式下,这个赌局和确定得到结果"3 美元,3 美元"对你来说是无差异的,因为你的(期望)效用在每种情况下都是 2。第三,没有任何说法证明你的效用和我的效用能够以任何方式作比较:我们各自独立指派效用。

我们可以将这两个表格中的信息结合在一起得到一个拍卖问题的**收益矩阵**。与以往不同的是，我们用一对效用来代替与之相关的结果“2 美元，2 美元”，也就是说，你的效用是 1，我的效用也是 1，依此类推。收益矩阵的行对应你可能的行为，列对应我的行为。如果你选择行的行为，我选择列的行为，我们行为的结果就是每一个行和列组合在一起的条目。条目的格式是：你的效用在前，我的效用在后。现在我们可以将拍卖的例子改写如下。

拍卖的例子

在某次封闭报价拍卖会上，你和我各自决定报极高或者极低的价格。收益矩阵如下：

	A	B
A	1:1	3:0
B	0:3	2:2

这个拍卖问题和著名的“囚徒困境”难题实质上是一样的。在囚徒问题里，你和我都被指控犯下罪行。我们被告知如果我们都否认罪行，那么我们各自将被判较轻的罪名，并且接受很轻的惩罚。如果我们都坦白，那么我们各自接受中等程度的惩罚。如果我们两人中只有一个人坦白，那么他就会被释放，并且成为证人指控另一个人。被指控的人将受到严厉惩罚。在我们可以沟通之前，我们被关在隔离的牢房里。你必须选择究竟是坦白还是否认。假定我们每个人只关心自己的惩罚，我们各自为严厉的惩罚指派效用 0，为中等程度的惩罚指派效用 1，为很

图 12 《国际跳棋比赛》：奖品坐在正中（马蒂亚·普雷第，约 1635）

轻的惩罚指派效用 2，为无罪释放指派效用 3。显而易见，这个问题的收益矩阵和刚才的拍卖问题是一样的，只不过把几个名称换了而已。

理性行为

来考虑下面的例子（我将不再为这个例子以及随后的其他一些例子来编故事）。

树的例子

你和我各自选择一种树：你可以选白蜡树、山毛榉或栗子，我可以选白蜡树或山毛榉。收益矩阵如下：

	A	B
A	0:0	3:1
B	2:1	2:2
C	3:2	0:3

当然，你不会知道我将选择哪个或哪些行为，甚至不知道我将以什么样的概率来选择每个行为。但是，如果你知道这些概率，你的选择就很简单：你将在给定这些概率的情况下，选择能够将你的期望效用最大化的行为。这一行为被称为你对于这些概率的**最佳反应**。假设在本例中，你被告知我将以概率 0.5 选择 A（否则选 B），那么如果你选择 A，你的期望效用就是：（0×0.5）+（3×0.5），等于 1.5。如果你选择 B，那么期望效用就等于 2。如果你选择 C，期望效用等于 1.5。于是你选择 B，也就是说 B 是你对于这些概率的最佳反应。

现在假设你仅仅被告知我的**潜在行为**，即我可能选择的行为。总的来说，把这些行为和不同概率联系在一起，就会得到不同的最佳反应。比如，如果在上例中，你被告知我将以概率 0.2 而不是 0.5 选择 A，那么你的最佳反应将变为 A；如果你被告知我将以概率 0.8 选择 A，那么你的最佳反应就将变为 C。对于我的潜在行为，你的**可信反应**是对于其中一些概率的最佳反应。在本例中，对于我的潜在反应 A 或 B，你的可信反应是 A、B 和 C。

最佳反应和可信反应可以用来研究理性。不妨举个例子说明看似有违理性的选择，比如在拍卖的例子中你如果选择 B。B 的问题出在对于我的任何潜在行为，它都不是最佳反应。不管你是否被告知我将选择 A，或选择 B，或者可能随机选择其中之一,你的唯一的可信反应都是A。

下面的例子提供了一个更为复杂的案例来说明有违理性的选择。

花的例子

你和我各自选择一种花:我们可以各自选择乌头、毛茛或连香报春花。收益矩阵如下:

	A	B	C
A	1:0	1:0	2:1
B	2:1	2:2	1:3
C	1:0	0:2	0:1

假设在本例中你选择B。这里的问题不太明显。表面看来,你的选择无可挑剔:不管我选A或B,你选B都是一个可信反应。但是你必须问自己,我是否会选择A或B。显然,我不会选择A,因为对于你的任何选择,A都不是我的可信反应。那么我可能选择B吗? 如果我这么做,那么我不得不相信你将选C,因为对于你选A或B,我选B都不是可信反应。但我知道你不会选C,因为对于我的任何选择,你选C都不是可信反应。结果是,你知道我会排除A与B来选C。但是你选B不是我选C的可信反应。因此,你选择B看起来违背理性。

理性行为是可以通过一连串可信反应论证来检验其合理性的行为,正如在上例中那样。在策略问题里,你不知道我将选择什么。但是,你可以推断出关于我的行为的一些信息,因为你知道我只会选择一个可信反应。特别是,你可以推断,我的任何选择将是我在推断出你的选择之后所作出的可信反应。更进一步，因为你知道我知道你只会选择一个可信反应，你会预期我将作出类似的推断。确实，你应该预期到我会预期到你将作出类似推断，依此类推。理性行为是从这条推理链中产生的行为：你的行为是理性的，如果它是你针对我的可信反应所作出的可信反应；而我的可信反应又是针对你的可信反应所作出的；你的可信反应又是针对我的可信反应所作出的……注意理性本质上是和个人相关的概念。在拍卖的例子里，如果我们各自选择 B 而不是 A，那么我们将各自变得更好：对于个人来说是理性的选择，可能对于集体来说并非理性。

在花的例子里，我们可以用一张表来说明这一推理链。表中每一行给出选择者、他所面对的另一个人的潜在行为，以及选择者对此的可信反应。

选择者	**面对的潜在行为**	**反应**
你	ABC	AB
我	AB	C
你	C	A
我	A	C

直到你我的可信反应都不再随着推理的进行而改变，这一推理链宣告结束。如果我们到达某一点时，都只选择一个行为，如上例所示，那么很显然这就是推理链的终点。我们应该注意到，我们是从你的而不是我的反应开始推理的：但是显而易见，如果我们从我的反应开始也会得到同样的结果。因此你的理性行为是 A（而我的是 C）。

显然,你将总能作出某个理性行为。但是,如下例(这个例子是“在纽约见面”的原始版本)所示,你可能有不止一个理性行为。

见面的例子

你和我约好见面，但忘了确定究竟是在 A 点还是在 B 点见面。因为我们各自都想见面,但不在乎在哪里见面,我们的收益矩阵可以写成下面的形式:

	A	B
A	1:1	0:0
B	0:0	1:1

如果你被告知我选 A 的概率大于 0.5，那么你的最佳反应就是 A。如果你被告知这一概率低于 0.5，你的最佳反应就是 B。因此,因为你的可信反应是你对于某些概率所作的最佳反应,对于我的潜在行为 A 或 B,你的可信反应就是 A 和 B。因为我的可信反应也是一样,所以对于我们每个人来说,理性行为一定是 A 和 B 两者(其实,我们应该已经从本例的对称性上判断出这一点)。

非劣势行为

为了概括理性的特征,我们需要“优势”这一概念。在你的两个行为中,如果不管我选择什么,你都偏好第一个,那么该行为对第二个占优势。相应地,你的第一个行为所带来的效用大于第二个。例如,在拍卖的例子里,你的行为 A 相比 B 占优势。

优势行为还有更为复杂的一种形式。试想,你不再选择某个特定行为,而是能够选择多个行为的组合,或者说,针对你行为的一个赌局。这意味着,除了单选 X 或 Y 之外,你还可以选赌局"以概率 0.5 得到 X, 以概率 0.5 得到 Y"。如果无论我选择什么,你从赌局得到的期望效用都大于你从特定行为所得到的期望效用, 那么涉及多个行为的赌局相比某个特定行为就占优势。考虑下面的例子。

昆虫的例子

你和我各自必须选择一种昆虫:你可以选蚂蚁、蜜蜂或者毛虫;而我可以选蚂蚁或蜜蜂。收益矩阵如下:

	A	B
A	0:0	3:1
B	1:1	1:2
C	3:2	0:3

在本例中,你的赌局"以概率 0.5 选 A,否则选 C"相比行为 B 占优势:无论我选择什么行为,你从赌局获得的期望效用都是 1.5,而你从 B 获得的期望效用是 1。如本例所示,一个行为可能相比一个行为组合占劣势,即使相比组合中的任何一个行为,它都不占劣势:你的行为 B 和 A 或 C 相比,都不占劣势。

如果一个行为和任何组合(包括任何简化组合,即任何行为)相比都不占劣势,那么该行为是**非劣势的**。换句话说,如果无论我选择什么行为(或行为组合),没有任何行为能给你更高的(期待)效用,你所选的行为就是非劣势的。如你所料,一个行为如果是最佳反应，它一定是非劣势的。既然要成为理性行为必须是最佳反应，这就意味着理性行为必须是非劣势的。但是，反之则不一定成立：一个行为可能是非劣势的，但却不是理性的。

要明白这一点，让我们回到树的例子。收益矩阵如下：

	A	B
A	0:0	3:1
B	2:1	2:2
C	3:2	0:3

本例中你的行为 C 是非劣势的，但它显然不是理性的。

在树的例子中，你的行为 C 不是理性行为，因为尽管它是非劣势的，但是(1)如果我的行为 A 从矩阵中被删除，它就变成劣势行为；(2)删除 A 很合理，因为它是劣势的(和我的行为 B 相比)。这就是说，你的行为 C 逃不过对劣势行为的反复删除，或者说它并非**反复非劣势的**：换句话说，你的行为相比我的任何行为，不占劣势；同样，我的行为相比你的任何行为，不占劣势……依此类推，反复检验。

要说明反复删除法，让我们回到花的例子。收益矩阵如下：

	A	B	C
A	1:0	1:0	2:1
B	2:1	2:2	1:3
C	1:0	0:2	0:1

在本例中，我们可以如下表所示，反复删除行为。表中每行给出选择者、选择者所面对的对方行为，以及在该阶段选择者删除的行为。

选择者	面对的对方行为	删除
你	ABC	C
我	AB	AB
你	C	B
我	A	—
你	C	—

当我们都不能再继续删除任何一个行为时，整个过程宣告结束。在本例中，你唯一剩下的行为是A（而我的是C）。注意第一次我选择删除A和B。显然如果我在这一步只删除A或B，我们也会取得同样的结果，尽管可能花费更多步骤。显而易见，和获取理性行为的过程一样，如果我们从我开始而不是从你开始进行删除，还是会取得同样的结果。

反复删除劣势行为的过程显然和获取理性行为的过程有很多共同点。在花的例子里这两个过程得到同样结果，这并非偶然：这适用于一般情况。因此我们可以有完整的概述：当且仅当选择是反复非劣势时，它是理性的。

尽管颇有吸引力，我们在使用被称为"弱优势"的概念来代替"优势"概念时，还是要小心。如果对于你的两个行为，（1）不管我选择什么行为，你从第一个行为得到的效用不少于从第二个得到的效用；（2）对于我的至少一个行为，你从第一个行为得到的效用大于从第二个得到的效用，那么你的第一个行为和第二个行为相比就占弱优势。考虑下例。

鸟的例子

你和我各自必须选择一种鸟:你可以选反嘴鹬、乌鸫或乌鸦,我可以选反嘴鹬或乌鸫。收益矩阵如下:

	A	B
A	1:1	0:0
B	1:1	2:1
C	0:0	2:1

在本例中，你的行为 B 相对于你的行为 A 和 C 都是占弱优势(但不占优势)。

我们在反复删去弱劣势行为时,就不像反复删除劣势行为时那么有自信。我们对理性的概述告诉我们,反复弱非劣势行为和理性行为不一样。而且,删除的顺序也会影响结果。如果在上例中,你删除 A,那么我将删除 A:你将单选 B 或 C,并得到效用 2。但是,如果你删除 C 而不是 A,那么我将删除 B:你将单选 B 或 C,并得到效用 1。尽管如此,如果我们已经删除所有劣势行为,那么避免弱劣势行为的做法就有一定道理。

稳定行为

在此出现一个问题：以理性方式行事和以稳定方式行事，这两者之间究竟有没有联系？如果我们各自以理性方式行事，我们的行为是否**稳定**？如果我们的行为稳定,它们必须是理性的吗？

要继续研究，我们需要考虑我们的行为究竟怎样才算是稳定的。如果你的行为是你对我的行为的最佳反应，同时我的行为也是我对你的行为的最佳反应，我们的行为就是稳定的。（对一个行为的最佳反应就是在给定该行为的情况下，对简化概率的反应。）如果是这样，那么当我们二人都没有单方面动机去作出改变时，我们的一对行为就是稳定的。一对稳定行为也被称为“纳什均衡”，得名于约翰·纳什（生于 1928 年），他是诺贝尔经济学奖获得者、经济学家和数学家（同时也是电影《美丽心灵》的主人公）。注意，尽管我们可以问你的单个行为在孤立情况下是否具有理性，我们却不能问你的单个行为是否稳定：稳定性是只属于成对行为（你的一个行为和我的一个行为）的属性。

要说明稳定行为，让我们回到拍卖的例子。收益矩阵如下：

	A	B
A	1:1	3:0
B	0:3	2:2

在本例中我们各自选择 A 是稳定的，因为如果你知道我将选 A，那么你就会选 A；并且如果我知道你选 A，我就会选 A。

如拍卖的例子所示，且几乎可以由定义直接得出，稳定行为是理性的。但是，反之则不成立：并非所有成对的理性行为都是稳定的。下例将说明这一点。

动物的例子

你和我各自选择一种动物：我们可以各自选择驴子、野猪或者母牛。收益矩阵如下：

	A	B	C
A	0:7	2:5	7:0
B	5:2	3:3	5:2
C	7:0	2:5	0:7

显而易见，在本例中唯一的稳定行为是你选择B，我选择B，但是每个可能的行为对你来说（同时对我来说）都是理性的。

理性、优势和稳定性之间的联系如图13所示。

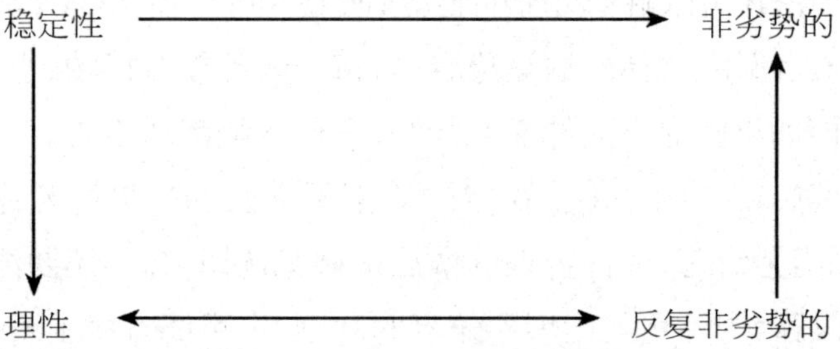

图13 战略选择示意图：双箭头代表对等，单箭头代表隐含

在讨论稳定性时，我的主要目的是查明以理性行事和以稳定方式行事之间的联系，而不是具体研究稳定性。但是，我要简单提一下和稳定性概念相关的两个问题。

第一个问题是可能存在许多互不兼容的稳定行为。见面的例子可以说明这一点。收益矩阵如下：

	A	B
A	1:1	0:0
B	0:0	1:1

在本例中,你选择 A 且我选择 A 是稳定的,因为我们中没有人会选择 B,如果他知道另外一人将选择 A。同样,你选 B 且我选 B 是稳定的。因此,我们有多对稳定行为。如果你选择某一对行为中你的部分,而我选择另一对中我的部分,如果我们这样的选择也是稳定的, 那么存在多对稳定行为这一现象就无关紧要。但事实并非如此:你选 A 且我选 B,这一对行为并不稳定。

见面例子的另一种阐释强调了这一点。A 可以重新解释为靠左行驶,B 可以解释为靠右行驶;收益矩阵保持不变。如果我们每个人都靠左行驶,这是稳定的;每个人都靠右行驶,也是稳定的;但如果我靠左而你靠右行驶,我们可能都活不久。

注意:在本例中每个稳定配对都不涉及弱劣势行为:如果存在弱劣势行为,或许合理的做法是避免选择它们。还要注意:在理性行为中不可能出现不兼容的问题:你可能有多于一个理性行为,我也一样,但是多对行为在整个过程中不会产生影响。

稳定性概念的第二个问题在于,可能不存在稳定行为。下面的例子可以说明这一点(这个例子最早被称为"便士配对"。)

配对例子

你和我各自选择一张牌,然后给对方看,牌上画着天使或野兽。如果我们牌上的画是一样的,我付你 100 美元,如果不一样,你付我 100 美元。因为我们都喜欢钱,我们可以把收益矩阵写成:

	A	B
A	1:0	0:1
B	0:1	1:0

显然,我们都选择同样的行为不可能是稳定的,因为如果我知道你的行为,我将改变我的;同样的,我们各自选择不同的行为也不可能是稳定的,因为如果你知道我的行为,你将改变你的。因此,不存在稳定行为。这一问题不可能在理性行为中出现:如我们所见,你总是有着某种理性行为。

但是在一定程度上,可以通过允许选择个人行为和赌局(正如我们在讨论优势的时候所做的)来得到稳定行为。在这种情况下,一对稳定的行为(有时在混合策略里被称为"纳什均衡")具备像以前那样的属性:如果你的行为是你针对我的行为的最佳反应,且我的行为是我针对你的行为的最佳反应,那么我们的行为就是稳定的。如果我们允许选择赌局,那么在配对的例子中就会出现一对稳定行为。显而易见,你和我各自选择赌局"以概率 0.5 选 A,其余选 B"是稳定的,实际上也是唯一的一对稳定行为。事实上,如果我们允许选择赌局,那么所有的策略问题都有稳定行为。

不仅是原先没有稳定行为的地方出现了稳定行为,而且现在新的稳定行为可以在原有的基础上继续出现。回想一下,在见面的例子里,可以把 A 重新解释为靠左行驶,把 B 重新解释为靠右行驶,存在两对稳定行为:我们都靠左行驶和我们都靠右行驶。但如果我们允许选择赌局,那么还有第三对稳定行为:即我们各自独立掷硬币,如果正面向上就靠左驾驶,如果反面向上就靠右驾驶:这是避免车祸的另一个解决办法。

如果在此新的意义上重新阐释稳定性，情况依然是：稳定行为是理性的。同样，这几乎可以直接从定义中推导得出。而且，并非所有成对理性行为都是稳定的。要明白这一点，回到动物的例子。收益矩阵如下：

	A	B	C
A	0:7	2:5	7:0
B	5:2	3:3	5:2
C	7:0	2:5	0:7

显而易见，你和我都选择 B 是唯一的稳定配对，即使在我们都可以选择赌局的情况下。但是，如我们所见，每个可能的行为都是理性的。

因此，稳定性的概念可能是有歧义的，比如可能存在多个稳定配对；或者是空洞的，比如可能不存在稳定配对，且我们不允许选择赌局；或者有些晦涩，比如唯一的稳定行为需要使用赌局。

一些扩展

如果把时间纳入考虑，情况就会有所改变。再次回到拍卖的例子。收益矩阵如下：

	A	B
A	1:1	3:0
B	0:3	2:2

假设现在我们必须各自连续两天而不是一次性作出选择。在第二天我们各自都知道对方在第一天所作的选择。现在你是从下列八个行为中进行选择：

如果我今天选 A，你今天选 A 且明天选 A
如果我今天选 B，你今天选 A 且明天选 A
如果我今天选 A，你今天选 A 且明天选 B

依此类推。（我的行为是类似的。）显而易见，你仅有的两个（对等的）理性行为是"如果我今天选 A，那么你今天选 A 且明天选 A"和"如果我今天选 B，那么你今天选 A 且明天选 A"。也就是说，不管我选什么，你都是今天选 A 且明天选 A。因此，没有重大变化。

现在假设我们各自连续一百天作出选择。你可能会觉得，在前面某一天值得选 B，寄希望于这样可以培养我们之间的信任，从而我将开始选 B，这对我们两人都有利。但是，你这么做完全是错误的。在最后一天，不存在培养信任的问题，所以我们各自将像我们只选一次那样作出选择，也就是说，我们各自选 A。那么在第 99 天，也不存在培养信任的问题，因为我们各自都知道对方在最后一天的选择：再次，我们各自选 A。重复这样的推论，每天我们将各自选 A。同样没有任何改变。如果我们在任意有限的天数内作出选择，同样的逻辑都适用。

但是，如果我们在无限多的天数内作出选择，这样的逻辑就不成立，因为现在不存在开始推理过程的最后一天。事实上，如果我们无限地选择，我们每天各自选 B，不仅对个人是理性的，而且对双方也是稳定的（尽管可能有其他稳定结果）。情况与有限重复时（因此也是与时间无关时）有了巨大改变。在有限重复时，我们每天各自选 A 是唯一的理性结果。

从这个结果中得出一般推论，我们可以说，虽然在有限重复的场景中，个人的理性行为不一定是集体理性的，但在无限重复的场景中，这种情况可能（尽管并非必要）成立。因此，无限重复可能将竞争转化为合作。这一结果是民俗的重要部分，因此它被称为“民间定理”。大卫·休谟（我们在第一章中已经提到过他）注意到：

> 我学着为另一个人服务，并非因为我对他好，而是因为我预见到，他将会回报我，以期得到另一次同类服务，并且保持与我及他人之间的良好沟通。相应地，在我为他服务之后，他从我的行为中得利，他在预见到拒绝的后果之后，也将尽他的义务。

个体理性与集体理性之间的张力产生了许多混淆。其中一些体现在双胞胎的明显悖论中。有人声称，因为拍卖例子是对称的，你和我可以被看做是双胞胎以同样方式进行选择。因为你知道这一点，所以你报低价：你知道我总是会做和你一样的事，并且我们都报低价好于我们都报高价。为对称性理论辩护的尝试常常是基于所谓的**海萨尼信条**，得名于诺贝尔经济学奖得主、哲学家约翰·海萨尼（生于 1920 年）。这一信条声称具有相同信息和经验的两个人将必然以同样方式行事。如果把经验界定为包括一切使人与众不同的特点，那么这一看似正确的信条（我将在下一章继续讨论）就是同义反复的。但这一信条意义有多重要呢？你对这一信条以及上面提到的明显悖论应该有自己的观点。

在第四章里，我考虑了是否我们能借助无知面纱的设想对分配公平有所了解。我现在将借助一个类似的设想：**不确定性面纱**。无知面纱指假装不了解已经决定的事实，比如你是谁；而不确定性面纱指对尚未发生的事件真的缺乏了解，比如谁将会找到石油。假设你和我各自在寻找石油。我们都从零财富水平开始。如果我们都找到石油，或者都没有找到，我们各自得到同样的财富：在这两种情况下，财富分配的问题都不那么吸引人。试考虑只有一个人找到石油的情况。我们不知道谁发现石油，在这种情况下，发现的人将得到 200 万美元，而另一个人则一无所获。

我将假定我们各自只关心自己的所得，且都是风险厌恶的。为了作具体讨论，我将假定我们各自指派效用如下：

0 美元	0
100 万美元	4
200 万美元	6

在我们开始之前，也就是，在不确定性面纱背后，我们可以单独选择接受一个再分配协议：任何发现石油的人将与另一个人平均分享收益。如果我们这样做，在其中一人发现石油的情况下，我们将各自确定得到 100 万美元，从而得到效用 4。如果我们不接受这样一个协议，比如我们中任何一个人退出该协议，那么在其中一人发现石油的情况下，我们各自以同样的概率要么得到 200 万美元，要么一无所获，因此期望效用为 3。收益矩阵如下：

	A	B
A	4:4	3:3
B	3:3	3:3

显然,你选择 A 或 B 是理性的;同样,我们都选择 A 或都选择 B 是稳定的。但是,对我们来说,A 相比 B 占弱优势。因此我们有理由都选择 A,从而接受分配协议。

有时候一些人声称,在不确定性面纱背后,每个人可能会选择一个财富再分配协议,这一事实可以支持在面纱一旦揭去后强制进行财富再分配的做法。但是,这一说法有问题。这一说法的另一种解释是:它只是提出了很明显的一点,即厌恶风险的人将自由选择在公道条款下进行投保。对此你应该有自己的解释。

小结

战略选择涉及你从特定行为中进行选择,这些行为的结果取决于你、也取决于我的选择。

在给定概率下,你对于我的潜在行为(即我可能采取的行为)的最佳反应是某个能在这些概率下最大化你的期望效用的行为。

对于我的潜在行为,你的可信反应是你在相关概率下对此作出的最佳反应。

如果你的行为是你对于我的可信反应的可信反应,且我的可信反应是对你的可信反应的可信反应……反复依此类推,那么你的行为就是理性的。

不管我选择什么行为(或行为组合),如果没有其他行为能给你更高的(期待)效用,那么你的行为就是非劣势的。如果你的行为相比我的任何行为都不占劣势,且我的行为相比你的任何行为都不占劣势……反复依此类推,那么你的行为就是反复非劣势的。

当且仅当一个行为是反复非劣势的,该行为是理性的。

如果你的行为是对我的行为的最佳反应,且我的行为也是对你的行为的最佳反应,那么这对行为,包括你的一个行为和我的一个行为,就是共同稳定的。

如果一对行为是共同稳定的,那么这对行为中的每一个都是理性的,但可能出现每个行为是理性的,而配对却并非共同稳定的情况。

可能存在多对互不兼容的共同稳定行为,或者不存在任何一对稳定行为。

第六章

民主与独裁

我现在从对你个人选择的讨论转到对群体选择(你是其中一员)的讨论。

情形

一个**群体**是至少包括三人的任意集合,比如家庭、俱乐部或国家:我将集中讨论由你、我和蒙莫朗西组成的三人旅行团。我们必须集体从包括确定选项的候选菜单中作出选择:我们这个特定的团体想要一起旅行,且必须从飞机、轮船和汽车三种交通工具中作出选择。我将假定我们每个人都是理性的(根据第二章所讨论的理性定义)。这意味着,每个人都对菜单选项有所偏好,并且确实能对选项排序。比如,我们的排序模式可能是:

你	**我**	**蒙蒂**[①]
A	C	ABC
B	B	
C	A	

① 即蒙莫朗西。

注意,允许持平的情况:尽管你和我各自只把一个选项列在首位,但蒙莫朗西把每一项都列在首位。

我将考虑群体选择如何反映其成员偏好。成员的个人偏好在决定群体选择时起作用的方式被称为群体的**规章**,它规定了群体根据其成员的所有可能偏好模式所作出的全部选择。对于规章,我们可以问两类问题:第一,它们是否以可接受的方式将个人偏好结合在一起?第二,它们所规定的选择是否令人满意?

可接受的规章

我将首先来谈论规章以可接受的方式将个人偏好结合在一起究竟意味着什么。也许最为人熟知的规章就是民主制度,又被称为**多数法则**:如果优先选择某个选项的人数和优先选择其他任何一个选项的人数至少一样多,那么群体就选择该选项。

一个明显的例子就是选举制度中的"简单多数投票制"。如果左派获得40%的投票,中间派和右派各获得30%的选票,那么左派当选。如果只考虑结合个人偏好的方式,多数法则没有任何让人明显不满意的地方(但我们将看到,它存在其他问题)。

但是,其他法则看起来没那么容易接受。试考虑**博尔达法则**,得名于海军军官兼政治理论家让·查理·德·博尔达(1733—1799)。这一法则规定每个人对完整菜单上的每个选项进行打分,分数等于打分的人认为菜单上比该选项差的选项数目;每个人的得分将被加总,最后群体选择得分最高的选项。

在选举框架下,这一法则被称为(某种形式的)比例代表制。博尔达不顾拿破仑·波拿巴的强烈反对,提出这一法则,希望能以此进行法兰西科学院的选举。要明白为什么拿破仑会如

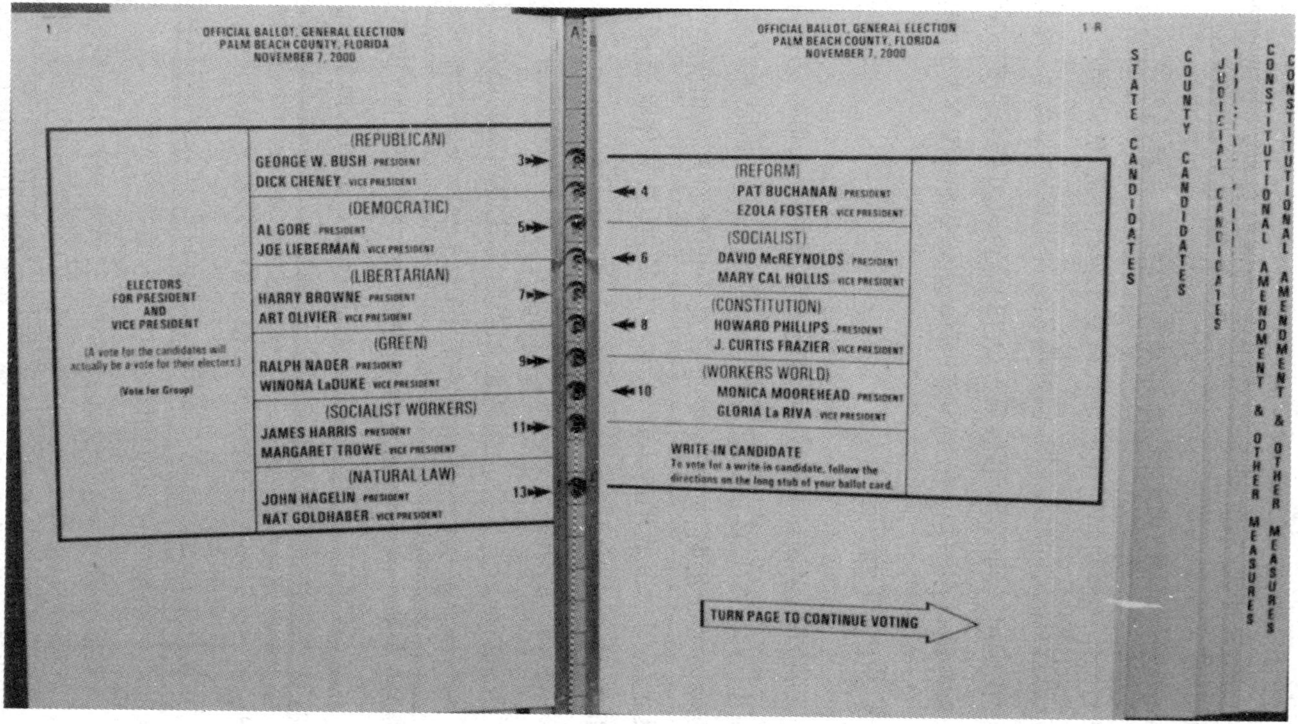

图 14　一张选票：也是在棕榈滩县——神秘的“悬疑选票”的例子

此恼怒，来考虑下面的例子。

博尔达例子

我们选择使用博尔达法则。偏好排序如下：

你	我	蒙蒂
A	C	ABC
B	A	
C	B	

我们必须在 A 和 C 之间作出选择，我们选择 A：A 得分为 3，C 得分为 2，B 得分为 1。当我们的偏好排序换成如下方式：

你	我	蒙蒂
A	C	ABC
C	B	
B	A	

我们必须在 A 和 C 之间作出选择，我们选择 C：C 得分为 3，A 得分为 2，B 得分为 1。

本例中的问题在于当偏好排序发生变化时，群体在 A 和 C 之间的选择发生变化，尽管没有人关于 A 和 C 的偏好发生变化：A 和 C 之间的选择取决于我们对于无关选项 B 的排名。这看来无法让人满意。比如，假设因为暴风雨天气，我们从完整菜单中删去 B，那么在博尔达例子的上面两种情况里，A 和 C 之间的选择不同于当 B 还保留时。（B 被删去时，上面两种情况下，最后选择都是A和C：它们各自得分为1。）为避免类似问题，我们可以要求群体关于某两个选项之间的选择只取决于其成员关于这两个选项的个人偏好。同样地，我们可以要求，当某个成员的偏好发生变化但没有影响到这两个选项的排序时，群体关于这两个选项的选择保持不变。这一要求被称为**独立条件**。

独立条件看起来是构成规章的最低要求之一。即使独立条件成立，还不能说已经万事大吉。

试考虑略显平庸的**字母表法则**：菜单选项以字母表顺序排列，群体选择在候选列表中排名最高的选项。显然，这一法则满足独立条件。但是，这一法则的问题之一在于它没有对称地对待选项。假定每个人都喜欢U胜过V，且喜欢Y胜过X。那么群体将在U和V之间选择U，但不会在X和Y之间选择Y，尽管每个人都是按照他们对U和V排序的方式对X和Y进行排序。为避免这一问题，我们可以要求，如果每个人对U和V排序的方式与他们对X和Y排序的方式一样，且群体从第一对选项中选择了U，那么也应该从第二对中选择X。这一要求被称为**中性条件**。中性条件强于独立条件。从定义可以直接看到，中性条件隐含独立条件。并且如我们所见，字母表法则显示，独立条件并不隐含中性条件。

现在我转向另一类潜在问题。字母表法则还有一个更严重的问题，即它不尊重全体一致：群体将从X和Y中选择X，即使每个人都喜欢Y胜过X。如果我们允许个人偏好起作用，那么当一致偏好出现却不受尊重的时候，就显得很奇怪。为避免这一问题，我们可以要求，如果每个人都喜欢某个选项胜过另一个，那么群体将在两个选项中只选第一个。注意，如果哪怕有一个成员认为两个选项是无差异的，我们就不要求第一个被选中，更不要求只选第一个。这一要求被称为**一致条件**。

这一条件看起来是构成规章的最低要求之一。即使它成立，我们也不能完全满意。试考虑**帕累托法则**，得名于经济学家威尔弗雷多·帕累托（1848—1923）：如果所有人都偏好某个选项，且不存在其他选项满足所有人偏好，群体将选择该选项。显然，这一法则满足一致条件。要明白这一法则有什么问题，试考虑下面的例子。

帕累托例子

我们选择使用帕累托法则。我们的偏好排序如下：

你	我	蒙蒂
A	B	A
B	A	C
C	C	B

在此排序方式下，我们复选A和B两个选项。如果我们的偏好排序变为：

你	我	蒙蒂
A	AB	A
B	C	C
C		B

此时我们还是复选A和B。

在本例中可能被认为出错的地方在于，群体选择并没有对个人偏好的变化作出积极反应。在第一种偏好模式下,选项 A 和 B 持平。在第二种偏好模式下,相对于 A,B 在我的排序中上升,而你和蒙蒂的排序保持不变,但 A 依然被选中。为避免这一问题,我们可以要求:(1)存在某种偏好模式,使得每个选项被选中,且(2)在其他人的偏好排序保持不变,而某个成员的偏好排序中一个选项相对于另一个选项位置上升的情况下,如果群体原先单选第一个选项,它继续单选第一个;如果原先复选两个选项,现在它单选第一个。这一要求被称为**响应条件**。响应条件强于一致条件。显而易见,响应条件隐含一致条件;且如我们所见,帕累托法则说明,一致条件并不隐含响应条件。

我们已经有了涉及个人偏好在群体选择中如何起作用的四个条件:中性条件及其弱化形式独立条件;响应条件及其弱化形式一致条件。我将把中性条件和响应条件称为**强条件**,把它们的弱化形式独立条件和一致条件称为**弱条件**。这四个条件在逻辑上是一致的:显而易见,多数法则满足全部四个条件。而且,两个弱条件是独立的,两个强条件也一样。很容易找到某个法则满足独立条件但不满足一致条件,或者另一个法则满足一致条件但不满足独立条件。同样地,很容易找到某个法则满足中性条件但不满足响应条件,或者另一个法则满足响应条件但不满足中性条件。

合理规章

到目前为止,我只讨论了关于规章的第一个问题:它们是否以可接受的方式将个人的偏好结合在一起?我现在来讨论第二个问题:它们列出的选择是否让人满意?我将这样来处理这个问题:我将问,是否它们所作的选择(根据第二章中的定义)

是合理的，或者理性的。具体来说，我们是否能概述下列规章的特征：这些规章能满足不同条件，能作出合理的，或者在可能的情况下，理性的选择。

在这么做之前，我将离开主题来简短讨论多数法则（既然它是如此众所周知）：对于某个选项来说，如果将该选项排名最高的人数至少和将其他任何一个选项排名最高的人数一样多，那么群体将选择该选项。如我们所见，多数法则满足强条件。它同时满足另一个要求：人们被对称对待，也就是说，如果两个人交换他们的排序，群体选择将保持不变。这一要求被称为**匿名条件**。确实，多数法则不仅满足这三个条件，而且它是唯一做到这一点的法则。于是，我们得到一个完整的概述：当且仅当一个规章采用多数法则时，它满足中性条件、响应条件和匿名条件。

这一概述也许是完整的，但是它能吸引别人注意吗？答案很清楚，不能。因为这一法则不仅可能无法作出理性的甚至只是合理的选择，它还可能无法作出任何选择。要明白这一点，来考虑下面的例子。

多数的例子

我们选择使用多数法则。当我们的排序如下时：

你	我	蒙蒂
A	C	B
B	A	C
C	B	A

没有我们可以选择的选项：我们中有两人把 A 列在 B 之上，所

以我们不能选B(无论是单选或是和其他选项一起复选);有两人把B列在C之上，所以我们不能选C；有两人把C列在A之上,所以我们不能选A。

这不是个小问题:试回想第一章中的讨论,不选择任何选项(与选择某个标明“一无所有”或“现状”的选项正相反)是没有意义的。那么,多数法则可能是空洞的。如果我们需要一个能确保有效的法则（更不用说产生理性的，或者哪怕合理的选择),我们必须进一步考察。

我将从规章产生合理选择的要求开始。我们知道如果我们需要群体选择是合理的,那么我们不能同时要求满足强条件和匿名条件。因为唯一满足这些条件的法则是多数法则,而它是不合理的。那么我们必须放宽某些条件。我将首先来看,如果我们用弱条件替换强条件,会有什么结果,然后再考虑如果我们放弃匿名条件会有什么结果。(我甚至都不考虑放弃弱条件的最低要求。)

要弄清如果我们用弱条件替换强条件会有什么结果,让我们回到帕累托法则:如果所有人都偏好某个选项,且不存在其他选项满足所有人偏好,群体将选择该选项。正如我所提到的,这一法则显然满足一致要求。同样,它显然也满足独立条件和匿名条件。但这一法则合理吗?试回想,第二章中曾提到,如果存在某个“至少一样好”关系使得被选中的选项至少和其他选项一样好,那么选择是合理的(如果这一关系具有传递性,选择就是理性的)。在帕累托法则下,其实存在这一关系:如果每个人都偏好第一个,那么该选项好于第二个;如果两个选项中,没有哪个相对另一个是所有人一致偏好的,那么这两个选项无差异。

我们或许可以注意到在本例中这一关系并非传递性的，所以群体选择不是理性的。要明白这一点，回到帕累托例子，在其中（初始）排序如下：

你	**我**	**蒙蒂**
A	B	A
B	A	C
C	C	B

这里我们从 A 和 B 两个选项中复选 A 和 B，从 B 和 C 两个选项中复选 B 和 C，但只从 A 和 C 中单选 A。因此，“至少一样好”关系如下：

A 和 B 无差异

B 和 C 无差异

A 好于 C

显然这不具备传递性。

但是，帕累托法则的确能产生合理选择，并且满足各种条件。其实，反之也成立。我们有了完整的概述：当且仅当产生合理选择的规章采用帕累托法则时，它满足独立条件、一致条件和匿名条件。

要了解如果我们放弃匿名条件但保留强条件会产生什么结果，我将引入“首领”的概念。如果群体总是选择你排名最高的选项，并且只选择你所选的这些选项，除非其他人都将另外一些选项排名最高（在此情况下群体也复选其他人的选择），那么你在该规章下就处于首领位置。具有首领(他必须是唯一的)的规章称为**首领制的**。下例说明这样一种制度。

首领制例子

我们选择使用首领制,你是我们的首领。我们的偏好排序如下:

你	我	蒙蒂
A	C	B
B	A	C
C	B	A

当我们必须在 A 和 B 之间选择时,我们选 A,因为你将 A 排名最高,而我们其他两人并没有一致将 B 列在 A 之上;当我们必须在 B 和 C 之间选择时,出于类似原因,我们选 B;当我们必须在 A 和 C 之间选择时,我们复选 A 和 C,因为你将 A 排名最高,而我和蒙蒂都将 C 列在 A 之上。当我们必须从完整菜单中选择时,我们选择 A,因为你将 A 排名最高,而我和蒙蒂并没有一致将某个选项列为最优。

注意在本例中群体选择是合理的。"至少一样好"关系如下:

A 好于 B

B 好于 C

A 和 C 无差异

但是，这一关系不具备传递性，所以群体选择同样不是理性的。总体来说，由首领制法则规定的选择可能是合理的，但不能保证是理性的。

我们现在可以说明，如果我们保留强条件结果将会如何。情况不容乐观：任何产生合理选择且满足中性条件和响应条件的规章必定是首领制的。

如果我们要求群体选择是合理的（这个要求其实是必须的），我们没有太多余地。如果我们想保留匿名条件（以及弱条件），我们只有采用帕累托法则；如果我们想要保留强条件，我们只有采用首领制法则。帕累托法则在它有效的范围内不容置疑，但它只涉及很小范围：除非是在所有人都一致同意的情况下（这不太可能），否则帕累托法则总是从一对选项中同时复选两者，这没有太大帮助。首领制法则却能应对多数情况：它们总是只选择一个选项。但是，如果你不是首领，你愿意在这样的法则下生存吗？

理性规章

我现在来考虑如果我们强化要求，把群体选择是合理的，改为是理性的，会有什么结果。要满足这一强化要求，我们不得不放宽强化条件中的一个或者同时放宽两个。因为唯一满足强条件并产生合理选择的制度（即首领制），无法保证产生理性选择。我将做得彻底，用弱条件来代替两个强条件：留给我们的就是作为可接受规章的绝对最低要求。

要了解在此情况下会有什么结果，我将引入独裁者的概念。在某个规章下，如果群体总是恰好选择你排名最高的那些选项，那么你就是独裁者。有独裁者（他必定是唯一的）的规章称为**独**

裁的。显然,独裁者是某种首领,但一个首领不一定是独裁者。独裁制规章的例子,最明显的莫过于群体选择总是和你的选择一样的情况:因为你是理性的,这一法则也产生理性选择。

我们现在可以来看,如果我们只要求最低的弱条件,会产生什么结果。情况更糟糕:任何产生理性选择,且满足独立条件和一致条件的规章必定是独裁制的。

这一结果被称为"阿罗不可能定理",得名于诺贝尔经济学奖得主、哲学家肯尼斯·阿罗(生于 1921 年)。它被称为不可能定理,因为它可以被解释为规章不可能同时具备四个属性:理性、独立性、一致性和非独裁性。这是选择理论最为根本但也最让人烦恼的结果之一。它暗示,所有关于"国家利益"的言论都是空谈(除非众人一致同意,但这种情况不太可能发生。在一致同意的情况下,不可能定理就是多余的)。

不可能定理和本章所阐述的其他概念之间的联系如下图所示:

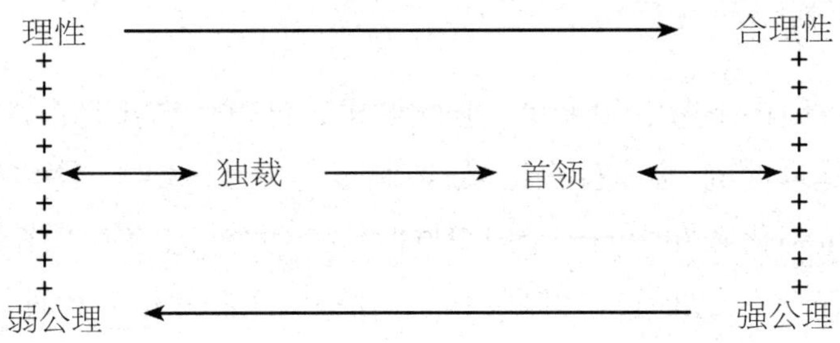

图 15 群体选择示意图:加号表示结合,双箭头表示对等,单箭头表示隐含

因为不可能定理的中心地位,也为了说明选择理论中所使用的这类论证方式,我将给出证明(仅此一次)。如果对此不感

兴趣,你完全可以忽略论证过程,跳到这部分的结尾。

证明包括四个阶段。策略是假定理性、独立性(这一属性只是隐含的)、一致性和非独裁性同时成立,然后说明随之产生的自相矛盾。矛盾意味着不可能同时具备所有属性。

首先,如果群体里存在这样一部分人的集合,每当集合里的人都选择第一个选项,而群体里其余人选择第二个选项时,群体只单选第一个,那么我把该集合称为对这两个选项是**有效的**。我将证明如果某个集合对于一对选项产生有效影响,那么它对所有成对选项都产生有效影响。假定某个集合对于成对选项U和V有影响,试考虑如下偏好排序,包括集合中的所有人和其他所有人:

集合	**其他**
X	V
U	Y
V	X
Y	U

因为一致性,群体从X和U之中单选X;因为集合对于两个选项具有有效影响,群体从U和V之中单选U;因为一致性,群体从V和Y之间单选V。然后,它从X和Y之中单选X,因为选择是理性的。因为集合里所有人都喜欢X胜过Y,而其余所有人都喜欢Y胜过X,这意味着集合对于X和Y具有有效影响。因为X和Y是任意的,所以集合对所有成对选项产生有效影响。

第二,如果群体中存在一部分人的集合,对于所有成对选项，每当集合里的所有人都偏好第一个选项时（不管群体里其他人的偏好），群体在成对选项中都单选第一个选项，那么我将把该集合称为**决定性的**。我将证明如果（对于任何成对选项）某个集合是有效的，那么它就是决定性的。假定某个集合是有效的，考虑下列三个选项的偏好排序，包括集合中的所有人和其余所有人：

集合	其他
X	Y
Y	X\Z
Z	

其中 X\Z 指 X 和 Z 可以任意排序。因为集合是有效的，群体在 X 和 Y 之间单选 X；因为一致性，它在 Y 和 Z 之间单选 Y。那么它在 X 和 Z 之间单选 X，因为选择是理性的。既然集合中的每个人喜欢 X 胜过 Z，且其他所有人可以对 X 和 Z 任意排序，那么该集合就是决定性的。

第三，我将证明，如果集合不是决定性的，那么向集合中再增加一个人也不会使它变为决定性的。因为只含一个人的集合不可能是决定性的，否则那个人就是独裁者，所以必然存在一些非决定性集合。选择某个这样的集合以及某个不在集合内的人，来考虑以下偏好排序方式，包括集合内的所有人、特定的那个人和其他所有人。

集合	个人	其他
X	Z	Y
Y	X	Z
Z	Y	X

因为那个人不是决定性的，群体不能在 Y 和 Z 之间单选 Z,因此它在 Y 和 Z 之间选 Y,但不一定单选。因为集合不是决定性的,群体不能在 X 和 Z 之间单选 X,因此它在 X 和 Z 之间选择 Z,但不一定单选。因为群体的选择是理性的,那么它在 X 和 Y 之间选择 Y,但不一定单选。既然在原始集合增加一个人后所得到的扩大集合中每个人都喜欢 X 胜过 Y，那么扩大集合就不是决定性的。

最后,我将证明存在矛盾。如果我们向非决定性集合中增加足够多次数的个人,我们得到作为一个非决定性集合的整个群体。但是因为一致性,整个群体必然是决定性的。这一自相矛盾的结果说明,不可能同时具备四项属性:理性、独立性、一致性和非独裁性。证毕。

一些扩展

对不可能定理最明显的批评是它没有考虑"偏好强度":我喜欢 X 胜过 Y 和你喜欢 Y 胜过 X 被认为是一样的,尽管对我来说是否拥有 X 无所谓，但对你来说是否拥有 Y 就是生死攸关的事。这是独立条件所造成的结果之一,即群体在两个选项 X 和 Y 之间的选择只取决于个人对于 X 和 Y 的偏好。这一条件包括两部分:第一,群体选择并不取决于个人对于 X 或 Y 和其他选项之间的偏好排序;第二,除偏好排序以外,它不取决于个人对于 X 和 Y 的其他任何态度。特别是,不取决于他们的偏好强度或效用。

在博尔达例子的框架下，我们已经为第一部分作了辩护。在那个例子里，在两个选项之间作选择取决于除了这两个选项,在完整菜单上还有哪些其他选项。但是其他选项是任意的。如果我们不清楚是否有驴子，我们要不要把骑驴旅行列入菜单？我们要不要把借助某种尚待研究的技术进行旅行列入菜单？如果要,我们该如何详细说明这些尚待研究的技术？

表面看来,第二部分似乎无足轻重:我们在第二章中已经知道偏好和效用可以相互转换。如果我们用效用的概念来重新阐释不可能定理而不作进一步限制,该定理继续成立,这一点并不奇怪。但如果我能以某种方式限制效用的概念,使得你的效用和我的效用在某种意义上可以衡量且相互比较,也就是说如果我们把偏好强度纳入讨论范围,那么不可能定理就不再成立。比如,规章可以规定,群体选择使总效用最大化的选项。显而易见,这一选项是理性的,满足一致条件、独立条件的第一部分以及非独裁性。群体选择的这一方法被称为功利主义:“最大多数人的最大幸福。”它最早由哲学家杰里米·边沁(1748—1832)提出。我将在讨论分配公平的部分再回到这一方法。

不可能定理并非群体选择这一领域所获得的唯一分配结果。我将简单介绍另外两个结果,它们分别涉及自由主义和操纵。

自由主义意味着我们每个人都应该有受到保护的领域。比如，在你承诺不和我们其他人讨论任何你所读内容的情况下，在旅途中你想读休谟还是康德,完全取决于你自己。让我们把原来的三个选项飞机、轮船和汽车替换为下列六个选项:

飞机且你读休谟
飞机且你读康德
轮船且你读休谟
轮船且你读康德
汽车且你读休谟
汽车且你读康德

自由主义意味着你将完全独立自主地在选项“飞机且你读休谟”(简称“飞休”)和“飞机且你读康德”(简称“飞康”)之间作出选择。更确切地说,它意味着你对这对选项具有决定性,也就是说,在其他相关成对选项具有相似条件的情况下,如果你偏好“飞休”,群体就选择“飞休”;如果你偏好“飞康”,群体就选择“飞康”。作为最低要求,自由主义至少可以给两个人受保护的领域。(注意, 即使在独裁制下, 也有一个人有受保护领域。)如果至少有两个人各自对于至少一对选项具有决定性,那么该规章满足**自由主义条件**。这其实是最低要求:在确保讨论有意义的情况下, 只有最少数的人被要求具有受保护领域,且每个人所获得的都是最小领域。

令人烦恼的结果是, 自由主义几乎与其他一切都不相容:没有规章能产生满足一致条件和自由主义条件的合理选择。注意,我们只假定合理性,而不是理性,且只要求具备两个弱条件之一。

第二个让人烦恼的结果在本质上更为实际。众所周知,在选举中人们可能会策略性投票。也就是说,即使他们喜欢左派胜过中间派, 他们也可能会投票给中间派以便将右派排斥在外。这样的操纵是否只和特定的选举过程相关? 还是说它到处都存在?试回想,规章规定了成员偏好决定群体选择的方式。现在既然出现操纵的可能,我们需要一个类似的概念。**投票机制**规定了成员表达出来的偏好决定群体选择的方式;这些表达的偏好可能是真实的,也可能是虚假的。如果对于某个真实偏好的模式来说,在其他人都报告他们真实偏好的情况下,至少存在一个人可以通过报告不同于他本人真实偏好的信息来获得一个更好的选项,这时投票机制便是**可操纵的**。(同样,如果根据第五章提出的稳定概念,每个人都表达他们真实偏好的做法是不稳定的,那么投票机制就是可操纵的。)

让人不安的结果是,所有的投票机制都可以有效操纵:确切地说,每个非独裁的投票机制都是可操纵的。注意,甚至不需要弱条件:投票过程本身就有缺陷。

这样,所有的集体选择必定要么是独裁的,要么违背某些最基本的要求;在极端情况下必定是不自由的;且易受到操纵。面对这些糟糕的情况我们该如何作出反应?一个自由论者的反应可能是为个人提供尽可能多的选择,只有在不可避免时才集体作出选择。一个独裁论者的反应可能是将权利交给一个具有家长式作风的独裁者,一个柏拉图式的"哲人王"。第三种反应是关注什么是"正确的"而不是什么是"好的",前者并不受人们观点的影响,而后者却取决于人们的观点。但这些仅是三种可能的反应。和之前一样,你应该作出你自己的反应。

在结束这一部分之前,我注意到集体选择的形式框架也可以被用来探讨个人选择的某些方面。假设你要选择某种职业:建筑师、银行家或牧师。每个职业中有多项品质是你所关心的:收入、灵活性、满意度。你按照对每种属性的需求度来排列这三项可能的职业,例如:

收入	灵活性	满意度
B	C	C
A	A	A
C	B	B

你感觉你的选择应该满足两个要求:第一,你在两种职业间的选择应只取决于这两项的不同排序情况（类似于独立条件)。第二,如果根据所有品质,某项职业排名高于另一项,那么你应该选择该项职业（类似于一致条件)。不可能定理告诉我们,如果你作出理性选择,你将忽略除一项品质外的所有其他品质(类似于独裁性)。同样,这不是个让人满意的结果。

一些进一步的扩展

如果把时间纳入考虑,形式上不会产生重大变化。但是,在解释方面,时间因素的介入可能会产生轮流独裁者。不可能定理告诉我们,唯一能够产生理性选择且满足独立条件和一致条件的规章是独裁制。独裁制的问题在哪里?在于独裁者可以压制所有其他人。但如果独裁者不固定,而是无限轮转,结果又会如何:如果今天你当独裁者,明天换我当,这样一直轮换会怎么样?你想要压制我的时候就会很小心,因为你知道我以后也会压制你,风水轮流转。第五章提出的民间定理适用这个例子。在战略选择的框架下,民间定理告诉我们,无限重复将竞争转化为合作;在集体选择的框架下,它告诉我们,无限轮换将压迫性的独裁转化为仁慈的独裁。这样的轮换制的一个例子是欧盟宪法,它规定对会议议程具有实际独裁权的主席按事先约定的六个月任期轮换。注意,在民主制中不可能出现轮换:很多人可能成为独裁者,但只有一个集合能被称为“多数人”。在民主制下,压制少数人总是符合多数人利益的。对乡间运动的禁令就是一个例子。

我现在将回到财富分配的部分。在形式上,我们可以通过把不同的菜单选项阐释为不同的财富分配方式,从而将分配公平的问题用集体选择的框架来表述。但是,作为一种阐释,这将混淆人们的偏好和价值。你的偏好可能是想要实现你自己财富的最大化;而你的价值观则认为财富应该平均分配。集体选择反映人们的偏好;分配公平则期待反映人们的价值观。但是,如果我们真的以这样的方式来阐释分配公平问题,那么不可能定理告诉我们,没有可接受的方法能在不同分配方式之间作出选择:没有理由进行再分配。

不管我们是否把分配公平放在集体选择的框架里进行讨论,两者之间显然存在联系。正如我所提到的,如果我们所使用的效用既可以衡量,又可以进行人际比较,那么不可能定理就不成立。并且,正如我们在之前各章里反复见到的,赞成再分配的观点潜在地或公开地依赖于效用的可衡量性和可比较性:我们应该再分配财富,把你的一部分给我,因为我比你更贫困(罗尔斯的差异原则,见第四章),或者因为我“得到的”比你“失去的”更多(边沁的功利主义)。正如经济学家肯尼斯·宾默尔(生于 1940 年)所指出的:

> 如果真的无法做到人际间的效用比较,那么我认为在理性伦理学方面著书立说就毫无意义。正如哈蒙德、海萨尼及其他许多人所坚持认为的,在那种情况下伦理学

将成为缺乏具体内容的学科。

也许为取得可衡量、可比较的效用所作的最合乎逻辑的尝试是**理想观察者的构想**。这归功于约翰·海萨尼，我们在第五章已经提到过他。想象一下，你身处第四章所提到的无知面纱的背后，也就是说你处于"原初状态"。你知道候选菜单上有哪些选项，但你不知道自己的角色。比如，你知道整个群体将以乘飞机、轮船或汽车的方式去旅行，但不知道你将身处你自己、我还是蒙莫朗西的位置。在面纱背后你对**选项–角色对**具有偏好，也就是说，对于选项和角色的结合具有偏好。这意味着你可以比较"乘飞机旅行且扮演你自己的角色"（简称"飞你"）和"坐船旅行且扮演我的角色"（简称"船我"），依此类推：你可能喜欢"飞你"胜过"船我"，或者喜欢"船我"胜过"飞你"，或者觉得两者无差异。这些偏好是你的**移情偏好**。它们和你本人的偏好不同，后者只是就坐飞机、船或汽车旅行作简单比较。

尽管你不知道你将身处的角色，但你知道可能性有多大。那么既然你是理性的（根据第三章的定义），你为角色和基础效用指派概率，来代表你对选项–角色对的移情偏好。比如，你可能指派基数效用如下：

飞你 4

飞我 2

船你 1

船我 0

你指派给"飞你"的效用大于"船你"的效用，我们可以将效用差额解释为你从乘船旅行改为乘飞机旅行所获得的额外效用,其余效用差异依此类推。在本例中,你从乘船旅行改为乘飞机旅行所获得的额外效用(等于 3)大于我作类似转变时所获得的额外效用(等于 2)。这可能反映了这样的事实,即你晕船,而我不会。此外,正如我们从第三章的讨论中已经知道的,不管你怎样指派基数效用,你的额外效用都大于我的。看起来似乎我们已经可以用某种有意义的方式来比较你我的效用。

但是,我们还做不到这一步。我们刚才进行的人际效用比较实际是你的比较:它源自于你的移情偏好。蒙蒂的比较可能完全不同:基于他的移情偏好,你的额外效用可能少于我的。为克服这一问题,我们必须求助于海萨尼信条,我们在第五章已经遇到过。这一信条声称,具有相同信息和经验的两个人必然以同样方式行事。在面纱背后,你和我具有相同的信息,且都被剥夺了所有经验。相应地,我们具有相同的移情偏好,因此作出相同的人际比较。最后,我们得以用某种有意义的方式对你我的效用进行比较。我们可以使用这一信息摆脱不可能定理的束缚;我们还可以用它来为财富再分配辩护。

更确切地,我们可以说,总效用将可以通过以下财富再分配方式来增加:把财富从那些具有低边际效用的人(通常被认为是富人)转到那些具有较高边际效用的人(通常被认为是穷人)手里。在这种情况下,财富再分配不会造成总财富的变化。(至于这是否得到任何伦理支持则是另一回事。)但是,我们到目前为止还不能讨论更为有趣的情况,即不同的财富分配方式涉及不同的财富总额。这种情况可能出现在财富分配需要我们参与以及一些分配方式相比另外一些能为我们的参与提供更多激励的时候。为了更好地说明这种情况,我们必须进一步来讨论。

我们必须作出两个进一步的假定。第一,你认为每个角色都以均等概率出现。这意味着,如果有 n 个角色,你指派给其中每一个的概率就是 1/n。第二个假设被称为**接受原则**,即当你身处我的角色时,你对于这些选项–角色对的移情偏好和我对于相应选项的个人偏好是完全一致的:比如,当且仅当我喜欢"飞机"胜过"轮船"的时候,你喜欢"飞我"胜过"船我"。

在无知面纱背后,你作出理性选择(根据第三章中的定义):你选择能使你的期望效用最大化的选项。在计算时,相关的概率是指派给每个角色的概率,相关的效用则是在通常移情偏好下指派给每个选项–角色对的效用。因为第一个假设,这些概率都是 1/n。因为第二个假设,我们可以用每个人在具备相关角色下的个人偏好时指派给每个选项的效用来代替这些效用。那么期望效用最大化就意味着总(个人)效用乘以 1/n,这和总效用最大化是一样的。这就是功利主义:财富分配应使总效用最大化。

对这一构想一个直接的批评在于,选择是可观察的(至少在原则上),但偏好不是:你通过问自己在两个选项之间会选择哪一个来决定你对它们的偏好。即使是在思维实验里,也不清楚你将如何在"乘飞机旅行且身处你自己的角色"和"乘船旅行且身处我的角色"之间作出选择。与此相关,海萨尼信条很难得到证实。为什么不能是这样:不管你身处哪个角色,你喜欢乘飞机旅行胜过乘船(比如,因为航空业创造更多就业机会);而不管我身处哪个角色,我喜欢乘船旅行胜过乘飞机(比如,因为船产生更少污染)?

我们也可能注意到,即使有理由支持财富再分配,使得财富从具有低边际效用的人转到具有高边际效用的人那里，这本身并不能支持从富人到穷人的财富再分配。如果富人具有更高边际效用(比如，因为极度贪图奢华，或者像瑞顿一样对海洛因上瘾)，这将要求从穷人到富人的再分配。

而且，即使这一构想理由充足，它也只能用于研究人们选择什么以及什么是“好的”，而不能用于研究什么是“对的”。某个再分配方案将增加效用这一事实(如果确实存在的话)，本身并不能为财富从你那里转到我这里提供任何伦理支持。另一个立场我们在第四章已经遇到过：如果一种分配是自愿行为的结果，而不是出于其他任何理由，那么它就是公正的。

如我们所见，宾默尔是理性观察者构想的支持者。在对此进行仔细审视之后，他总结道：

> 如果要得到在不同个人间进行效用比较的共同标准，我们没有选择，只有依赖被考察的社会中某种现存的测量意见一致性的方法。海萨尼勇敢地试图论证原初状态所处的环境创造了这样一个标准，但当我仔细审视之后，发现他的说法完全没有说服力。

如果存在某个“社会中现存的测量意见一致性的方法”，那么就不需要作人际比较；如果不存在这样的方法，那么在为人际比较作辩护时，构造理想观察者的做法帮助不大。[我们顺便提一下，如果宾默尔在这两点上都对了，那么“伦理学(就是)一门缺乏实质内容的学科”。]

你必须对理想观察者这一争议话题持有自己的观点。如果你感到满意，那么不可能定理就不再成立；而且，也有理由进行再分配。如果你不准备接受这一点,那么要么你得找到更好的证据为人际比较提供支持;要么你就接受不可能定理,忘记再分配。

最后,注意本书中对分配公平的讨论只关心选择理论是否能为再分配提供支持。理论为再分配提供很少支持这一事实并不意味着没有其他支持再分配的论证(尽管事实上大多数严肃的试图支持再分配的尝试都基于选择理论)。此外,本书中的讨论只关心强制再分配:它没有涉及自愿再分配的任何内容。回到我们在第一章中的起点,"选择我自己遭受惨痛损失以避免一个印第安人最轻微的不便,这样做并非违背理性"。

小结

群体选择研究规章的属性。所谓规章,指的是成员偏好在决定群体选择时起作用的方式。

独立条件要求,在个人偏好发生变化但个人对于两个选项的偏好排序不发生改变时,群体在这两个选项间的选择不发生变化。

中性条件要求,如果每个人对选项 U 和 V 排序的方式和它们对选项 X 和 Y 排序的方式是一样的,且群体从第一对中选择 U,那么它也将从第二对中选择 X。

一致条件要求,如果每个人都喜欢第一个选项胜过第二个,那么群体从两个选项当中单选第一个。

响应条件要求,(1)存在某种偏好模式,使得每个选项都被选中,并且(2)如果在其他人的偏好排序不变的情况下,某个人的排序中第一个选项相对于第二个选项排名上升,那么如果群体本来选择第一个选项,它就继续选择第一个;如果本来复选两个选项，它现在单选第一个。

中性条件强于独立条件；响应条件强于一致条件。

如果群体总是选择某个特定的人（首领）排名最高的选项，且只选择这些选项，除非其他所有人都将另一些选项排名最高（在这种情况下，群体也将选择另外这些选项），那么该群体所用的规章就是首领制的。

任何产生合理选择，且满足中性条件和响应条件的规章必定是首领制的。

如果群体总是严格选择某个特定个人（独裁者）排名最高的选项，那么该群体所用的规章就是独裁制的。

任何产生理性选择且满足独立条件和一致条件的规章必定是独裁制的。

术语表

字母表法则:菜单选项按照字母表顺序排列,群体选择所有选项中排名最靠前的选项。

一致条件:它要求,如果两个人交换他们的偏好排序,群体选择保持不变。

最佳反应:在给定概率条件下,你对于我的潜在行为的最佳反应就是能使你的期望效用在给定概率下实现最大化的行为。

博尔达法则: 每个人对完整菜单上的每个选项进行打分,分数等于他认为菜单上不如该选项的选项数目;这些个人得分将被加总,最后群体将选择具有最高总得分的选项。

基数效用:用于期望效用属性的效用;或者说,只有当变换呈线性时才保持其代表属性不变的效用。

确定性对等物:一个金钱赌局的确定性对等物是一定数额的金钱,如果你可以确定获得这笔钱,你将认为它和赌局无差异。

复合赌局:一个回报也由赌局构成的赌局。

规章:一个群体的规章规定了其成员的偏好在决定群体选择时起作用的方式。

连续条件：它要求，如果你喜欢第一个赌局胜过第二个，且喜欢第二个胜过第三个，那么必定存在第一个赌局和第三个赌局的某种混合方式，使得你认为该混合赌局与第二个赌局无差异。

缩约条件：它要求，如果你从一个菜单中选择某个选项，那么当削减后的菜单依然保留该选项时，你从削减后的菜单中同样选择该选项。

决定性的：对于包含在群体中的某个集合来说，如果对于所有的成对选项，任何时候只要集合中所有人都选择第一个选项（不管群体中其他人的偏好如何），群体就单选第一个，那么该集合就是决定性的。

简化赌局：只有一个（确定）回报的赌局。

独裁的：如果群体总是选择某个特定个人（独裁者）排名最高的选项，那么该群体的规章就是独裁的。

分配正义：决定好的或正确的财富分配方式的原则。比如，将不平等现象最小化的原则，或者，要求财富分配必须出于自发行为的原则。

有效的：对于包含在群体中的某个集合来说，如果对于一对选项，任何时候只要集合里所有人都选择第一个选项而群体中其他人都选择第二个选项，群体就单选第一个选项，那么就称该集合对于这对选项是有效的。

移情偏好：对于选项–角色对的偏好。

扩展条件：它要求，如果你在与所有其他选项作成对比较时都选择了某个选项，那么你从完整菜单中也将选择该选项（尽管不一定单选）。

期望效用：一个赌局的期望效用可以通过如下方式计算：

将每一种回报的效用分别乘以相应的概率，并将所得数字相加。

期望效用属性：如果当且仅当某个赌局具有更高期望效用时，你喜欢该赌局胜过第二个，那么你对于该赌局的偏好就具备期望效用属性。

期望价值：将一个金钱赌局的每一种回报分别乘以相应的概率，并将所得数字相加，就得到该赌局的期望价值。

可以由偏好序列来解释：如果你的选择可以由某个具备传递性的偏好关系来解释，那么它就可以由偏好序列来解释。

可以由偏好关系来解释：如果对于某个"至少一样好"关系，你从菜单中选择的正是那些与剩余选项相比至少一样好的选项，那么你的选择就可以由偏好关系解释。

公道：如果某个赌局的期望价值为零，那么该赌局就是公道的。

群体：一个群体是至少包括三人的集合。

海萨尼信条：声称具有相同信息和经验的两个人必然以同样方式行动。

理想观察者的构想：在无知面纱作用下所作的选择，即知道菜单上包括哪些选项以及存在哪些角色，但不知道你自己将处于哪一个角色。

公正条件：它要求，如果你在某个状态下喜欢第一个赌局胜过第二个，那么你在所有状态下都偏好第一个赌局。

独立条件：它要求，群体在两个选项之间的选择不会因为任何个人偏好的改变（只要他对两个选项的排序没有变化）而发生改变。

选项–角色对：选项和角色的结合。

反复非劣势： 如果你的行为相比我的任何行为都不占劣

势,而我的行为相比你的任何行为也不占劣势,依此类推,不断反复,那么你的行为就是反复非劣势的。

自由主义条件:要求至少有两个人各自对至少一对选项具有决定性。

线性的:如果效用乘以或除以任何正数,或者加上或减去任何数,那么效用就是在作线性变换。

多数原则: 如果将某个选项列为首选的人数至少和将其他任何一个选项列为首选的人数一样多,那么群体将选择该选项。

可操纵的:如果对于某个真实偏好模式,在其他人都如实表达偏好的情况下,至少存在一个人可以通过表达不同于他的真实偏好的虚假信息来获取更好的菜单选项,那么该投票机制就是可操纵的。

边际效用:指每一新增单位财富带来的额外效用。

菜单:必须从中进行选择的一系列选项,规定必须至少选择其中的一个选项。

混合赌局:由赌局 X 和赌局 Y 所组成的混合赌局,它的回报包括 X 和 Y 的所有回报;与 X 的回报相关的概率等于原始概率乘以 X 在混合赌局中的权重; 用类似算法可以得到 Y 的回报。

更厌恶风险:如果我愿接受你所接受的任何赌局,但反之则不成立,那么你比我更厌恶风险。

中性条件:它要求,如果每个人对 U 和 V 排序的方式与对 X 和 Y 排序的方式相同,且群体从第一对选项中选择 U,那么它也应该从第二对中选择 X。

序数效用:当效用在以任何增加的方式进行变换时,依然保持其代表属性，则称其为序数效用。

成对：如果你的菜单只包括两个选项，且你从中选择了第一个（不一定是单选），那么就称你在成对选择中选了该选项。

帕累托法则：如果群体中所有人都选择某个选项，且没有其他选项是所有人都偏好的，那么群体就选择该选项。

首领制的：如果在某个规章下，群体总是选择某个特定个人（首领）排名最高的那些选项，并且只选择那些选项（除非群体中其他人都将另外的某些选项排名最高，此时群体也将选择这些选项），那么该规章就是首领制的。

收益矩阵：收益矩阵的行对应你的可能反应，列对应我的可能反应。每行每列的条目是结果，格式是你的效用在前，我的效用在后（如果你选择行的行为，我选择列的行为）。

可信反应：对于我的潜在行为，你的可信反应是你对于相关的一些概率的最佳反应。

潜在行为：你的潜在行为是所有你可能会选择的行为。

偏好序列：具有传递性的偏好关系。

偏好关系：它规定，对于菜单上的任意两个选项，是否第一个至少和第二个一样好，或者第二个至少和第一个一样好（或者两种说法都对）。

偏好：即偏好序列。

接受原则：它声称，你对这些选项-角色对（在其中你扮演我的角色）的移情偏好等于我对于相应选项的个人偏好。

概率：一个结果的概率是在 0 至 1 之间的一个数字，表明该结果的可能性。

概率赌局：一系列可能获得的回报，各自带有一定的出现概率。

理性(行为):如果你的行为是对于我的可信反应的可信反应,同时我的可信反应又是针对你原来的可信反应所作出的,依此类推,那么你的行为就是理性的。

理性(选择):你的选择(在确定条件下)如果满足显性条件,是理性的。

理性(偏好):你对于赌局的偏好是理性的,如果这些偏好同时满足替换条件和连续条件。

合理的:如果选择满足缩约条件和扩展条件,它就是合理的。

响应条件:它要求,(1)存在某种偏好模式,使得所有选项被选中;(2)在其他人排序不变的情况下,如果某个人的排序中一个选项相对于另一个选项排名上升,那么如果群体最初选择了第一个选项,它将继续选择第一个;如果群体最初同时选了两个选择,此时它将单选第一个。

显性条件:它要求,如果你在第二个选项有效的情况下选择了第一个选项,那么任何时候,如果你选择了第二个选项,且第一个选项有效,你也必须选择第一个。

风险厌恶:在涉及赌局时,如果你喜欢确定条件下该赌局的期望效用胜过赌局本身,那么你就是风险厌恶的。

风险厌恶量度:你在某个财富水平上的风险厌恶量度等于你的效用曲线在该水平上的斜率递减幅度。

风险酬金:赌局的风险酬金等于它的期望价值减去它的确定性对等物。

更具风险:如果第一个公道赌局等于第二个再加上一个或多个公道赌局,那么第一个赌局就比第二个更具风险。总的来说,如果第一个赌局的风险部分(等于一个公道赌局)比第二个赌局更具风险,那么第一个赌局比第二个更具风险。

风险部分:赌局的风险部分等于该赌局的所有回报减去其期望价值。

状态:状态规定了所有与你的选择相关的因素,且你对这些因素并不确定。

状态赌局:一系列可能的回报,各自只有在相关的状态下才可能得到。

取决于状态的主观期望效用:赌局的取决于状态的主观期望效用计算方法如下:将每个状态下所得到的回报的效用分别乘以该状态出现的概率,再把所有数字加总。

取决于状态的主观期望效用属性:如果当且仅当某个赌局有更高的取决于状态的主观期望效用时,你喜欢该赌局胜过另一个,那么你对于赌局的偏好就具备取决于状态的主观期望效用属性。

强条件:即中性条件和响应条件。

主观期望效用:赌局的主观期望效用计算方法如下:将每个回报的效用分别乘以与之相关的状态出现的主观概率,再把所有数字加总。

主观期望效用属性: 如果当且仅当某个赌局具有更高的(取决于状态的)主观期望效用时,你喜欢该赌局胜过另一个,那么你对于赌局的偏好具备(完全)主观期望属性。

替换条件:它要求,如果你喜欢一个赌局胜过另一个,那么当这两个赌局以相同权重分别与第三个赌局组成混合赌局时,你将喜欢前一个混合赌局胜过后一个。

稳定的: 如果你的行为是你对于我的行为的最佳反应,且我的行为也是我对于你的行为的最佳反应,那么由你我各自一个行为所组成的这一对行为就是共同稳定的。

具备传递性的：对于一个“至少一样好”关系来说，如果在X至少和Y一样好，且Y至少和Z一样好的情况下，X至少和Z一样好，那么就称该关系具备传递性。

一致条件：它要求，如果每个人都喜欢第一个选项胜过第二个，那么群体将从这对选项中单选第一个。

非劣势的：如果无论我选择什么行为（或行为组合），没有其他行为能给你更高的（期望）效用，那么你的行为就是非劣势的。

效用：效用是指派给选项的一些数字，其指派方式要求仅在第一个选项比第二个更好的情况下，第一个选项具有更高的效用。

效用最大化：如果对于某些效用指派方式，你所选择的选项恰好就是那些至少和任何剩余选项一样好的选项，那么你的选择就是效用最大化的。

效用指派方案：财富的效用指派方案为每一财富水平指派相应的效用。

无知面纱：无知面纱代表假装不知道某些已经被决定的事实，特别是，你所处的位置或角色。

不确定性面纱：不确定性面纱代表对某些尚未发生的事件确实一无所知，比如你的财富将会是多少。

投票机制：一个群体的投票机制规定了其成员各自所表达的偏好（不一定是真实偏好）在决定群体选择时所起的作用。

弱条件：即独立条件和一致条件。

索引

（条目后的数字为原文页码）

A

B

C

D

E

F

G

H

I

K

L

M

N

O

P

R

S

T

U

V

W

Michael Allingham

CHOICE THEORY

A Very Short Introduction

Contents

Preface

Albert Einstein introduces his brilliant exposition, *Relativity*, in the following terms.

> The present book is intended, as far as possible, to give an exact insight into the theory of relativity to those readers who, from a general scientific and philosophical point of view, are interested in the theory, but who are not conversant with the mathematical apparatus of theoretical physics. The work presumes a standard of education corresponding to that of a university matriculation examination, and, despite the shortness of the book, a fair amount of patience and force of will on the part of the reader. The author has spared himself no pains in his endeavour to present the main ideas in the simplest and most intelligible form. . . . May the book bring some one a few happy hours of suggestive thought!

Apart from substituting 'choice' for 'relativity' and 'logic' for 'physics' I can find no better way to express the aim of this book.

Choice theory explores the reasoning which underlies coherent patterns of choice: it explores what it means to act rationally. Why is this important? As Aristotle reminds us, 'the origin of action is choice, and that of choice is desire and reasoning . . . good action and its opposite cannot exist without a combination of intellect and character'. Choice theory develops the intellectual reasoning which is necessary for good action: the character which is also necessary for this is up to you.

The book is short not because it covers a small territory, but because it does not go into exhaustive detail of the territory which it does cover. Many interesting sights are mentioned, but in many cases only incomplete directions are given for finding them: the book is more a guide than a gazetteer. Many arguments are missing, or only sketched: the reader may like to supply, or complete, these, and would do well to do so where this is suggested by phrases such as 'it is easy to see that'. The notes at the end of the book indicate where help may be found, and also warn of the ascents which even the more intrepid explorer might be unwise to attempt. A number of open questions and paradoxes are raised but not resolved, though guidelines which might help the reader find his own resolution are indicated: the reader must take his own views on such matters.

I am grateful to Shelley Cox of Oxford University Press for suggesting that I write this book and for commenting on the manuscript, and to those of my family and friends who too have provided comments. I am also grateful to the University of Siena for providing an ideal ambience in which to reflect on the underlying ideas, and to Magdalen College for giving me a period of leave in which to transform these into words.

List of illustrations

Chapter 1
Choice and desire

> Choose life. Choose a job. Choose a career. Choose a family. Choose a big television, choose washing machines, cars, compact disc players and electrical tin openers. Choose good health, low cholesterol and dental insurance. Choose fixed-interest mortgage repayments. Choose a starter home. Choose your friends. Choose leisurewear and matching luggage. Choose a three-piece suite on hire purchase . . . Choose your future. Choose life.
>
> But why should I want to do a thing like that? I chose not to choose life: I chose something else. And the reasons? There are no reasons. Who needs reasons?

Thus the opening voice-over of the film *Trainspotting*. But is the speaker, one Renton, choosing rationally? His choice of 'something else' rather than 'life' is his concern: it may not be my choice or yours, but it cannot, by itself, be irrational. *De gustibus non disputandam est*, as they say. But his claiming to have no reason is a different matter for, as language suggests and as we shall see, there is an intimate connection between reason and rationality. Indeed, Renton himself soon provides a reason:

> People think it's all about misery and desperation and death and all that shite, which is not to be ignored, but what they forget – is the

pleasure of it. Otherwise we wouldn't do it. After all, we're not stupid. At least, we're not that stupid.

And, with an enviable practicality, he continues:

> When you're on junk you have only one worry: scoring. When you're off it you have to worry about all sorts of other shite. Got no money: can't get pished. Got money: drinking too much. Can't get a bird: no chance of a ride. Got a bird: too much hassle. You have to worry about bills, about food, about some football team that never wins, about human relationships and all the things that really don't matter.

All choices, just as Renton's, arise from both the heart and the head. The heart provides the passion and the head the reasons. Choices based on the most minute reasoning but lacking any desire are vacuous. But desire without reason is impotent: it is fit only for the enraged child who wants both to go home and not to go home.

1. *The Choice of Hercules*: Virtue versus Vice (Paolo de Matteis, 1712)

Aristotle (384–322 BCE), the founder of choice theory, and indeed of logic itself, identifies the connection. 'The origin of . . . choice is desire and reasoning with a view to an end – this is why choice cannot exist without . . . reason'; or, more concisely, 'choice is deliberate desire'. And David Hume (1711–76), that beacon of the Scottish Enlightenment, famously claims that 'reason is and ought only to be the slave of the passions'. Passions themselves, even Renton's, are neither reasonable nor unreasonable: 'a passion can never, in any sense, be called unreasonable'. Thus 'it is not contrary to reason to prefer the destruction of the whole world to the scratching of my finger; it is not contrary to reason for me to chuse my total ruin to prevent the least uneasiness of an Indian'.

A framework

Reasonableness is a property of patterns of choices, not of individual choices. There is nothing irrational in wanting to go home but there is something amiss in wanting both to go home and not to go home. There is nothing irrational in Renton's choosing heroin but his choice looks odd if he also chooses to avoid the possibility of misery, desperation, and death. Thus to explore what it means to be rational we must look at patterns of choices. We must look at the way in which choice changes when the menu changes. This framework of menus and choices needs some explanation.

By a *menu* I mean a list of items from which choice must be made. (Technical terms, such as 'menu', italicized when they first appear, are explained in the glossary at the end of the book.) But unlike a restaurant menu a menu in our sense is set out in such a way that something must be chosen. A simple restaurant menu might be

Sandwiches
Avocado
Bacon

This would allow the replete to choose nothing, and the hungry to choose both. The corresponding menu in our sense would be

Items
Nothing
Avocado alone
Bacon alone
Both

MENU

Potage à la Brunoise.

Saumon à la Tartare. Saumon en aspic.
Saumon à la Montpellier. Mayonnaise de saumon.
Coquille de crabe. Filets de soles en aspic.
Anguilles en aspic.

Salade. Homard en salade.
Poulets rôtis. Poulets à la Béchamel. Mayonnaise de poulet.
Poulet en aspic. Canetons rôtis.
Agneau roti. Rosbif farçi. Galantine de veau.
Paons rôtis.
Côtelettes d'agneau aux petits pois.
Côtelettes d'agneau aux tomates.
Galantine de poulet. Langues de bœuf.
Chaudfroid de cailles. Chaudfroid de pigeons.
Pompinettes à l'Italienne. Foie gras en aspic.
Ris de veau en aspic. Quenelles de veau en aspic.
Sandwiches aux anchois. Sandwiches au cresson.
Sandwiches aux œufs.

Gelées à l'eau de vie de Dantzic. Gelées à la Belgrave.
Gelées au curaçoa. Gelées au punch.
Macedoine de fruits en gelée. Gelées au marasquin.
Crème de limon. Crème à la vanille. Crème aux pistaches.
Crème à l'ananas.
Meringues. Franchinettes. Blancmanges.
Pâtisserie à la Française. Pâtisserie à la Chantilly.
Gateaux à la Neapolitaine. Gâteaux aux abricots.
Compote de poires. Compôte d'ananas.
Compôte d'abricots. Compôte de pêches.
Chartreuse d'oranges. Chartreuse de fraises.
Chartreuse d'abricots. Chartreuse de pêches.
Tipsy cake. Petits nougats.
Tartelettes à la mosaique.

Floreat Magdalena

2. A menu: Magdalen College, 24 June 1889

Now, by construction, some item must be chosen, even if that item is the one labelled 'Nothing'. (To emphasize that they are not to be taken literally, menus and menu items are either given initial capitals or placed inside quotation marks.) However, we must allow for ties, that is, for more than one item to be chosen jointly. For example, Avocado alone may tie with Bacon alone. To say that these two items tie, or are chosen jointly, is just to say that we are equally content with either. It does not mean that we consume both: in the face of a tie you may imagine that we rely on some arbitrary tie-breaker, such as tossing a coin, and then consume the winner. Without this artificial device we could find ourselves in the same position as Buridan's ass, the creature of the scholastic philosopher Jean Buridan (1295–1358). This unfortunate animal, placed midway between two identical bales of hay, starved to death because he had no reason for moving one way rather than the other.

As an illustration of the way in which rationality may be found, or not found, in patterns of choices consider the Sandwich menu. Faced with this you choose Avocado; there can be nothing irrational in this. However, when the waiter arrives to take your order he tells you that Cheese is also available. The effect of this is that you now have a three-item menu: Avocado, Bacon, and Cheese. You choose Bacon. Again, there can be nothing irrational in this individual choice. But there is clearly something untoward in your pattern of choices: your choice changes when the menu is enlarged by the addition of something which you do not want, namely Cheese.

I shall throughout the book assume that there are sufficient items for the problem not to be trivial; for example, I shall ignore menus which consist of only one item. I shall also, except where this cannot be avoided, assume that all menus are finite. This latter assumption rules out two classes of choices. An example of the first class is that of choosing a number of dollars, without restriction. The problem here is that there are infinitely many discrete amounts: $1, $2, $3, and so forth. This class can be ruled out without qualm as almost all interesting choice menus have some 'upper' and 'lower' limits. An example of the second class is that of choosing the temperature of a bath, say within the range 10 to 60 degrees centigrade. Here the menu obviously has an upper and a lower limit, but the temperature can vary continuously between these. Ruling out this class causes no practical problems. We lose nothing of substance if we restrict our choice to temperatures which vary in increments of, say, 0.1 degrees. If we do this our menu has only a finite number of items.

In addition, I shall, in the main, assume that choice is timeless. This is not as restrictive as it may seem as most choices involving time can be expressed in a timeless way. For example, you can commit yourself today to choosing 'Avocado today and Bacon tomorrow', which is clearly a choice involving time. You can also commit yourself today to choosing 'Bacon tomorrow if it is raining tomorrow, or if Pegasus wins the Derby, or if I have chosen Bacon today'. In each of these examples time enters the picture only in an inessential way. However, as we shall see, not all choices fit this pattern.

Some settings

In the remainder of the book I explore what it means to choose rationally in various settings. I start by exploring reason and rationality in the simplest context, that where menus consist of definite items, such as Avocado and $100. This context applies to choices such as where to live, and who to spend the rest of your life with.

Drawing on this, I turn to the setting where menus consist of chance items, or gambles: both those where probabilities are given, such as '$100 if red comes up', typified by roulette; and those where probabilities are not given, such as 'Avocado if Pegasus wins the Derby', typified by racing. The discussion here applies to choices such as, in the first case, whether to undergo an operation if you are told that the mortality rate is 25 per cent, and, in the second, whether to travel by air in the face of terrorist threats.

As a digression, I then consider a special case of this setting, that where chance items involve only money. In this case attitudes to risk, as manifest in gambling and insurance, become relevant. This digression applies particularly to choices such as which form to hold your wealth in, and whether to insure your house.

Returning to the main story, I consider the case where menus consist of strategic items, such as making a high or a low auction bid, or, more generally, conflict or cooperation. The discussion here applies to choices such as when to travel if you know that everyone else is trying to avoid the rush-hour, and, for a nation, whether to develop a nuclear capability when others face the same choice.

The discussion thus far is that of individual choice. I conclude with a discussion of group choice, exploring mechanisms, such as democracy and dictatorship, for achieving this. This discussion applies to matters such as the choice of a restaurant by a group of friends and, on a larger scale, the relative advantages of 'first past the post' and proportional representation in elections. The connections between these settings are illustrated in the figure.

In the core discussion in each setting I proceed in four stages. First, I give some examples in which something seems amiss: an instance might be the Sandwich example discussed above. Second, I suggest what general problems might lie behind these examples: in the Sandwich example I suggest that what is wrong is that your choice changes when the menu is enlarged by the addition of something which you do not want. Third, I propose as a condition for rational choice that such problems should not arise; this in effect defines what it means to be rational. In the Sandwich example the condition might be that the addition to the menu of some irrelevant item should not affect your choice; and choice would then be

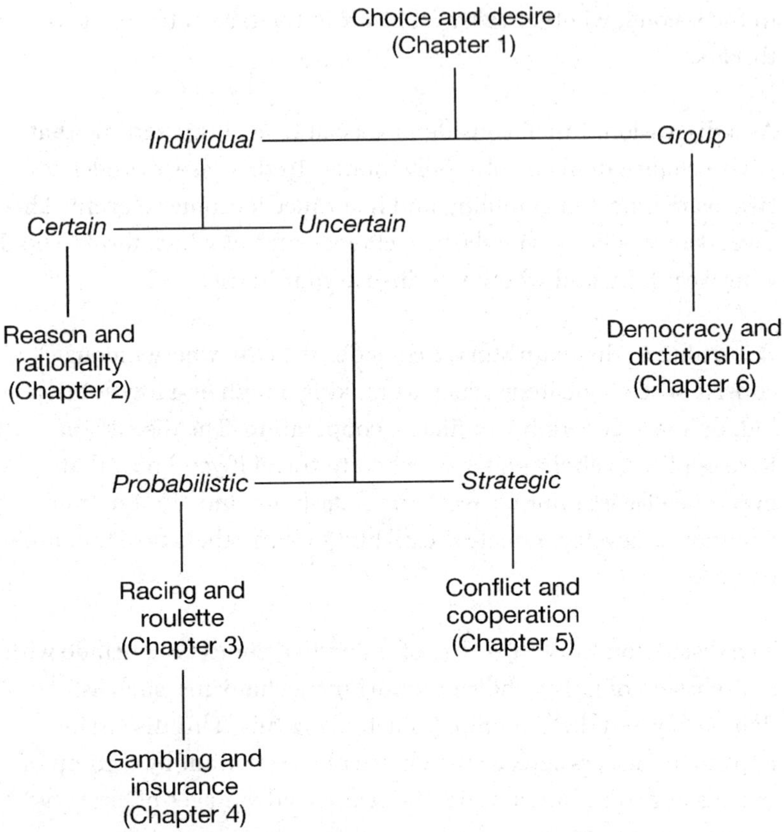

3. A family tree of choice theory

considered to be rational if it satisfied this condition. (In fact, as we shall see, this condition, although necessary, is not sufficient for choice to be considered rational.) Fourth, I find a procedure for achieving choice which is rational in this sense; that is, I provide a characterization of rational choice. In the Sandwich context the characterization might be that your choice is rational if and only if you can list all the items in some order and choose those at the top of your list. A summary of the discussion of these four stages is given at the end of the relevant chapter; as well as repeating the main points, this provides, in addition to the glossary, a convenient place in which to refer to various definitions.

Having dealt with the core ideas in each setting I look, more briefly, at some extensions. I start by making some observations on how, if at all, the story changes if time enters the picture in an essential way.

I then present (what is claimed to be) an empirical paradox. This is typically an instance where people taking part in laboratory experiments appear to act irrationally. There are a number of possible responses to such paradoxes. First, we can presume that people act differently when faced with real, or significant, choices than when faced with artificial, or insignificant, ones: you may take more care if what is at risk is your house rather than a mere $10 reward. Second, we can accept that we all make mistakes from time to time: the fact that you negligently make an irrational choice does not imply that you would keep to it if its irrationality were pointed out to you. Third, we may interpret choice theory as an exploration of what it means to be rational and, possibly, as a guide to making sensible decisions, rather than as a description of how people act in practice. Fourth, we can attempt to revise the theory to take account of the paradox. However, revising the theory to resolve one particular paradox may well create more problems than it solves: the maxim 'hard cases make bad law' should be borne in mind. You should formulate your own response to each of these paradoxes.

I conclude, as an application of choice theory, with a discussion of whether this theory throws any light on what might be meant by a just distribution of wealth, that is, on what is known as *distributive justice*. Indeed, the implications of choice theory for distributive justice may be considered a subplot of the main story.

As I have noted, we may interpret choice theory either as an exploration of what it means to be rational or as a description of how people act in practice. If we adopt the latter interpretation we should not confuse 'a description' with 'an explanation'. The claim would be not that people deliberately carry out the various calculations which the theory might suggest, just that, on the whole, they act as if they do. A good description of the way in which a tree grows is obtained by assuming that it develops leaves in a way which maximizes the area exposed to the sun. But not even a tree-hugger would seriously suggest that the tree does this deliberately.

If we interpret choice theory as an exploration of what it means to be rational then the theory may also serve as a guide to making sensible decisions. But it will not, for example, suggest that you should gamble or that you should insure, for individual choices cannot be reasonable or unreasonable. (It might, however, suggest that you would be unwise to do both.) Similarly, it cannot advise Renton to choose, or not choose, life. In fact, he does eventually choose life, though without any marked enthusiasm:

> I'm moving on, going straight and choosing life. I'm looking forward to it already. I'm going to be just like you: the job, the family, the big television, the washing machine, the car, the compact disc and electrical tin opener, good health, low cholesterol, dental insurance, mortgage, starter home, leisurewear, luggage, three-piece suite . . . getting by, looking ahead, to the day you die.

Summary

Choice involves selecting one or more items from a menu. It is explored in four contexts: that of certainty, where all items are definite; that of uncertainty, where items involve chance, either with or without given probabilities; that of strategy, where two persons' individual choices are interdependent; and that of group choice, where a number of people must choose collectively. Attitudes to risk arise in the context of uncertainty and have implications in the context of strategy.

Chapter 2
Reason and rationality

The simplest framework for choice is that in which menus consist of definite items, such as Avocado and $100, from which you must choose one or more: ties are allowed. Recall that to say that two items tie, that is, that you choose both jointly, is just to say that you are equally content with either.

Reasonable choices

Consider the following example of apparently odd choices.

Hors d'œuvres example

Your menu consists of Asparagus, Beetroot, and Chicory: you choose Asparagus. On your waiter, perhaps having misheard you, telling you that Chicory is off you choose Beetroot. Your choices can be represented schematically, using an obvious convention, as

ABC *A*
AB *B*

The problem with your choices in this example (which is, in essence, the Sandwich example of Chapter 1) is that you choose *A* from the full menu but do not choose *A* from *A* and *B*. This does not seem right. To avoid such problems we might require that if you choose some item from a menu and this item remains available in a more restricted menu then you also choose it from the restricted menu. This requirement is the *contraction condition*; it is also known as Sen's alpha property, after Amartya Sen (born 1933), the Nobel prize-winning economist and philosopher. A racing analogy might be that if a filly wins a race which is open to both colts and fillies then she should also win if the race is restricted to fillies.

The contraction condition has an obvious implication. Assume that there are some ties in your original choice, and that you then choose again from the smaller menu consisting of all the tied items. As is easy to see, the contraction condition tells us that your choice does not change. This supports our allowing ties: if two items tie then there can be no reason for choosing one rather than the other.

A different type of problem arises in the next example.

Soup example

Your menu seems to consist of Bean and Carrot soups: you choose Carrot. On your waiter telling you that you have misread Bean for Artichoke, so that in fact the menu consists of Artichoke and Carrot soups, you choose both jointly, that is, they tie. On your waiter returning to announce that Bean soup is indeed available, as well as the other two, you choose Artichoke. Schematically,

ABC *A*
BC *C*
AC *AC*

The problem with your choices in this example is that you choose *C* from *B* and *C* and also, although not uniquely, from *A* and *C*, but do not choose *C* from the full menu. Again, this does not seem right. I shall say that you choose one item in a *pairwise* choice with a second if you choose the first, not necessarily alone, when your menu consists of just these two items. Now to avoid the type of problem encountered in the Soup example we might require that if you choose some item in pairwise choices with every other item on the menu then you choose it, though not necessarily it alone, from the full menu. This requirement is the *expansion condition*; it is also known as the Condorcet condition, after the Marquis Marie Jean Antoine Nicolas Caritat de Condorcet (1743–94), a mathematician and leading light of the French Enlightenment. A racing analogy here might be that if a filly beats each of a number of other fillies in two-horse races then she should also win a race whose field consists of her and these other fillies.

We should check that these two conditions are consistent, in that they both can be satisfied simultaneously, and independent, in that neither implies the other. The simplest way to do this is give an example which satisfies both conditions, an example which satisfies only the first, and an example which satisfies only the second. To show that an example fails to satisfy a condition we need only find one instance where it fails. However, to show that it satisfies a condition we must show that the condition is satisfied in all instances, that is, by choices from all possible menus.

Here is an example which satisfies both conditions (even though, as we shall see, the choices made in it still leave something to be desired).

Fish example

Your menu consists of Anchovies, Bass, and Cod: you choose Anchovies. But if your menu is restricted to Anchovies and Bass you choose both; if to Bass and Cod you choose Cod; and if to Anchovies and Cod you choose Anchovies. Schematically,

ABC	*A*
AB	*AB*
BC	*C*
AC	*A*

Note that this example specifies the choices which you make from all possible (non-trivial) menus. Here you choose *A*, the only item which you choose from the full menu, from any restricted menu in which it is available so that the contraction condition is satisfied. Also, *A* is the only item which you choose in pairwise choices with every other item so that the expansion condition is satisfied.

We can use the Soup example to provide an instance where the contraction but not the expansion condition is satisfied, provided that we complete this example by specifying that you choose *A* from *A* and *B*. Your choices are then

ABC	*A*
AB	*A*
BC	*C*
AC	*AC*

Now you choose *A*, the only item which you choose from the full menu, from any restricted menu in which it is available so that the contraction condition is satisfied. But, which is the point of the Soup example, the expansion condition fails: you choose *C*, albeit not uniquely, in pairwise choices with each other item but do not choose *C* from the full menu.

Similarly, we can use the Hors d'œuvres example to provide an instance where the expansion condition but not the contraction condition is satisfied, provided that we complete this example by specifying that you choose *C* from *B* and *C*, and that you choose *A* from *A* and *C*. Your choices are then

ABC	*A*
AB	*B*
BC	*C*
AC	*A*

Now you choose no item in pairwise choices with every other item so that, by default, the expansion condition is satisfied. (Recall that the expansion condition requires that if you choose some item in pairwise choices with every other item on the menu then you choose it from the full menu: if there is no item which you choose in all pairwise choices then the condition is satisfied automatically.) But, which is the point of this example, the contraction condition fails: you choose A from the full menu but do not choose A from A and B.

The Hors d'œuvres, Soup, and Fish examples show that the contraction and the expansion conditions are consistent and independent. As these conditions at least rule out the problems which I have identified so far I shall say that a *reasonable* choice process is one which satisfies these conditions. (Note that, for motives which will become apparent, I am using the term 'reasonable' rather than 'rational'.)

In order to characterize reasonable choices we need the concept of a *preference relation*. This specifies, for any two items on a menu, whether the first is at least as good as the second, or the second is at least as good as the first. This allows for the possibility of both applying: if this is the case then the two items are said to be indifferent. And if the first is at least as good as the second but the two are not indifferent then the first is said to be better than the second. This 'at least as good as' relation applies to menu items. An analogous relation which applies to people is the 'at least as tall as' relation: I am at least as tall as you; or you are at least as tall as me; or both, in which case we are of the same height.

Your choice is *explained by a preference relation* if, for some 'at least as good as' relation, the items which you choose from a menu are precisely those which are at least as good as every other item on the menu. This means that both (*a*) if an item is at least as good as every other item then you choose that item, and (*b*) if anything is better than an item then you do not choose that item. If your choice is explained by some preference relation it is easy to say what this relation is: it is the relation which specifies that one item is at least as good as a second if and only if you choose it, not necessarily alone, from the pair. Note that this implies that if you choose an item alone from a pair then it is better than the other item.

Return to the Fish example, your choices in which are

ABC	*A*
AB	*AB*
BC	*C*
AC	*A*

By looking at the three pairwise choices it is clear that, if your preference relation was

A is indifferent to *B*
C is better than *B*
A is better than *C*

and you always chose the best available items, then you would have chosen exactly as you did, in fact, choose in that example. This is to say that your choice would have been explained by a preference relation.

It might seem that all choices can be explained by some preference relation, however bizarre. This is not the case. Return to the Hors d'œuvres example, your choices in which are

ABC	*A*
AB	*B*

If these choices could be explained by a preference relation then *A* would have to be at least as good as *B* because you choose *A* from the full menu; and *B* would have to be better than *A* because you choose *B* alone from *A* and *B*. As both of these cannot be true there can be no preference relation which explains your choices.

The same conclusion applies in the Soup example, your choices in which are

ABC *A*
BC *C*
AC *AC*

Here either *A* or *B* would have to be better than *C* as you do not choose *C* from the full menu; but *A* is not better than *C* as you choose *C*, even though not alone, from *A* and *C*; and *B* is not better than *C* as you choose *C* from *B* and *C*. Thus, again, there can be no preference relation which explains your choices.

The Hors d'œuvres and Soup examples suggest that (*a*) choices cannot be explained by a preference relation if either the contraction or the expansion condition (or both) fails, that is, if choices are not reasonable, and (*b*) choices can be explained by a preference relation if both conditions hold, that is, if choices are reasonable. This indeed is the case: choice is reasonable if and only if it can be explained by a preference relation.

This means that, if choice is reasonable, choices and preference relations are effectively the same: we can always derive choices from preference relations; and we can always derive preference relations from choices.

Rational choices

Reasonableness is a good starting point, but there may be more to be said, as I suggested when introducing the Fish example, your choices in which are

ABC *A*
AB *AB*
BC *C*
AC *A*

The problem here is that in one instance you choose B when A is available, while in another you choose A when B is available without also choosing B. We may interpret this as meaning that in the first instance B is revealed as being at least as good as A, while in the second A is revealed as being better than B. To avoid such problems we might require that if you ever choose one item when a second item is available then whenever you choose the second and the first is available you also choose the first. This requirement is the *revelation condition*; it is also known as Samuelson's revealed preference condition, after Paul Samuelson (born 1915), another Nobel prize-winning economist. A racing analogy here might be that, if one filly wins, either outright or in a dead-heat, a race in which a second filly runs then the second will not win outright any race in which the first runs.

It is easy to see that the revelation condition implies both the contraction condition and the expansion condition. However, in the Fish example, for instance, the revelation condition fails, as we have seen, but the contraction and expansion conditions hold. Thus the revelation condition is stronger than the contraction and expansion conditions together. That is, any choices which satisfy the revelation condition satisfy the contraction and expansion conditions, but choices can satisfy the contraction and expansion conditions without satisfying the revelation condition.

The revelation condition has some bite: choices in the Fish example do not satisfy it. But it does not have too much bite: it can be satisfied, as the following example shows.

Meat example

Your menu consists of Alligator, Beef, Chicken, and Duck. If Alligator is available you choose it; failing that you choose Beef if it is available; failing that you choose Chicken and Duck jointly. Schematically,

ABCD	*A*	*AC*	*A*
ABC	*A*	*AD*	*A*
ABD	*A*	*BC*	*B*
ACD	*A*	*BD*	*B*
BCD	*B*	*CD*	*CD*
AB	*A*		

It is easy to see that your choices in this example satisfy the revelation condition. This implies that they also satisfy the contraction and expansion conditions and thus are reasonable. Accordingly, they can be represented by a preference relation, which is

A is better than *B*	*B* is better than *C*
A is better than *C*	*B* is better than *D*
A is better than *D*	*C* is indifferent to *D*

As the revelation condition at least rules out the problems with reasonable choices which I have identified I shall say that a *rational choice* process is one which satisfies this condition.

To characterize rational choice we need the concept of a *preference ordering*. This is a particular type of preference relation, one which is what is known as *transitive*. An 'at least as good as' relation is transitive if, when *X* is at least as good as *Y*, and *Y* is at least as good as *Z*, then *X* is at least as good as *Z*. For example, the 'at least as tall as' relation among people is transitive: if I am at least as tall as you, and you are at least as tall as Montmorency, then I am at least as tall as Montmorency. The preference relation underlying the Meat example is transitive, and thus a preference ordering. Even though transitivity seems a natural property of a preference relation not all preference relations are transitive: for instance, the preference relation underlying the Fish example, which is

A is indifferent to *B*
C is better than *B*
A is better than *C*

is not transitive: if it were the first two statements would imply that *C* is at least as good as *A*, which would contradict the last.

A preference ordering is so called because it allows items to be ordered, albeit with ties. This means that we can arrange all the items in a list, with the best at the top and the worst at the bottom. Return to the preference ordering underlying the Meat example. Using an obvious convention the list is

A
B
CD

We could not arrange items in a list without transitivity. If, for the preference relation underlying the Fish example, we put *A* at the top of the list then we must put *B* at the top as well because *A* is indifferent to *B*; but we cannot put *B* at the top because *C* is better than *B*; and we cannot put *C* at the top because *A* is better than *C*. Thus we can put no item at the top so we cannot make a list.

Your choice is *explained by a preference ordering* if it is explained by a preference relation which is transitive. (Recall that a preference ordering is just a transitive preference relation.) As we have seen, the preference relation underlying the choices made in the Fish example, for which the revelation condition fails, is not transitive so that these choices cannot be explained by a preference ordering. On the other hand, the choices made in the Meat example, for which this condition holds, can.

The Meat and Fish examples suggest that (*a*) choices cannot be explained by a preference ordering if the revelation condition fails, that is, if choices are not rational, and (*b*) choices can be explained by a preference ordering if this condition holds, that is, if choices are rational. This indeed is the case: choice is rational if and only if it can be explained by a preference ordering.

4. ***The Thinker*****: choice is deliberate desire (Auguste Rodin, 1904)**

This means that, if choice is rational, choices and preference orderings are effectively the same. Indeed, we can consider the preference ordering underlying choice as the reason for that choice: there is an intimate connection between reason and rationality: 'choice is deliberate desire'.

Utility

Just as rational choices can be represented by preference orderings, preference orderings can in turn be represented by utilities. A utility representation for an 'at least as good as' ordering assigns numbers to items in such a way that better items have higher numbers. More precisely, one item has a greater *utility* than a second if and only if the first is better than the second. For the preference ordering underlying the Meat example, which is

A is better than *B*	*B* is better than *C*
A is better than *C*	*B* is better than *D*
A is better than *D*	*C* is indifferent to *D*

we can assign the utilities

A	3
B	2
C	1
D	1

This assignment is instructive. It suggests that we can always assign utilities for a preference ordering by making a list, assigning the number 1 to the bottom item (or items), 2 to the next, and so on until we reach the top. Indeed, this is obviously the case: we can always represent a preference ordering by utilities. This argument also makes it clear that we cannot represent a preference relation which is not a preference ordering, that is, which is not transitive, by utilities, for in this case we cannot make a list.

There are many other ways to assign utilities. An alternative way of assigning utilities in the present case is

A	100
B	99
C	10
D	10

Neither of these ways is better than the other. They both mean one thing and one thing only: that *A* is better than everything else; *B* is better than *C* and *D*; and *C* and *D* are indifferent. For this reason utility in the sense used here is known as *ordinal utility*: all it does is order things. Ordinal utilities can be transformed in any increasing way, for example (provided they are positive), by squaring or taking square roots, without affecting their representational property.

Your choice is *utility maximizing* if, for some assignment of utilities, the items which you choose are precisely those whose utility is at least as great as that of every other item. If this is the case then choice maximizes utility. Clearly this can only be the case if choices can be represented by a preference ordering, for if there is no preference ordering there can be no utility assignment; and if choices are represented by a preference ordering then they must maximize utility. In other words, choice is utility maximizing if and only if it can be explained by a preference ordering. Then since choice is rational if and only if it can be explained by a preference ordering we can say that choice is rational if and only if it is utility maximizing.

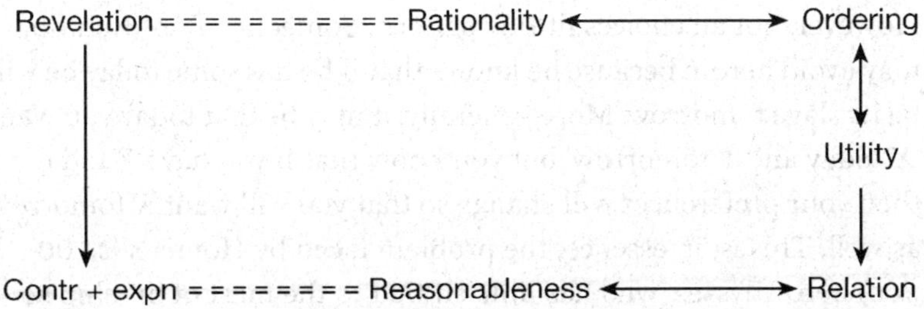

5. A map of choice under certainty: equality signs represent definitions, double arrows represent equivalence, and single arrows represent implications

In a formal sense, then, choosing rationally is the same as maximizing utility. But the interpretation is vital. You prefer *X* to *Y* if you choose *X* alone from *X* and *Y*, and you assign a greater utility to *X* than to *Y* if you prefer *X* to *Y*. Utility is derived from choice, not choice from utility. You do not choose to go riding rather than skiing because it gives you more utility; on the contrary, a greater utility is assigned to riding because you choose it.

The connections between reasonableness, rationality and the various conditions proposed in this chapter are illustrated in the figure.

Some extensions

The picture changes little if time becomes relevant. Many choices involving time do not involve it in any essential way. Consider, for example, choosing today what to consume today and tomorrow. Although this choice involves time it immediately fits into a timeless framework. The only difference is that, instead choosing from the two items *X* and *Y*, say, you choose from the four items

X today and *X* tomorrow
X today and *Y* tomorrow
Y today and *X* tomorrow
Y today and *Y* tomorrow

However, not all choices fit this pattern. Someone, if not Renton, may avoid heroin because he knows that if he has some today he will be its slave tomorrow. More generally, it may be that today you want '*X* today and *Y* tomorrow' but you know that if you have *X* today then your preferences will change so that you will want *X* tomorrow as well. This is, in essence, the problem faced by Homer's (*c*.700 BCE) hero Ulysses, who has himself tied to the mast of his ship so that he can hear the sirens' sweet song without, later, being driven to follow the seductive sound and perish. The timeless theory developed here cannot deal with problems of this type.

Even in a timeless framework all may not be straightforward. Consider an apparent paradox, known as the framing paradox. You are in a shop, having decided to buy a telephone for $20 and a computer for $1000. First, you are told that the telephone is $10 cheaper at another branch, some five minutes walk away: do you buy now or go to the other branch? Second, you are told that the computer (but not the telephone) is $10 cheaper at the other branch: do you buy now or go to the other branch? Pause and consider.

Clearly you should make the same choice in each case as the two problems are the same in substance, differing only in spin, or framing: in each case you save $10 by going to the other branch. But significantly more people questioned in an experiment chose to go to the other branch when the telephone was reduced than did when the computer was reduced. I noted various possible responses to paradoxes such as this in Chapter 1. You should formulate your own response to this one.

An important implication of the fact that utilities can be transformed in any increasing way without affecting their representational property is that comparisons of changes in utility have no meaning. Consider, for example, the claim that the difference between the utility of $1000 and that of $2000 is greater than the difference between the utility of $8000 and that of $9000. This is equivalent to the claim that $1000 gives more utility when added to $1000 than it does when added to $8000, or that the *marginal utility* of $1000 is greater when you are poor than when you are rich. Claims such as this are neither true nor false: they are meaningless.

Assuming that more wealth is preferred to less, one way of allocating utilities is to assign to each sum of money (expressed in thousands of dollars) a utility equal to that sum; a second way is to assign a utility equal to the square root of that sum; and a third way is to assign a utility equal to the square of that sum. Each way is, of course, equally good.

Then the claim that the difference between the utility of $1000 and that of $2000 is greater than the difference between the utility of $8000 and that of $9000 appears true if utility is assigned in the square root way, where the two marginal utilities are approximately 0.4 and 0.2 respectively; and it appears false if utility is assigned in the square way, where the two figures are 17 and 3. But each of these ways of assigning utilities is equally good: neither of the calculations means anything.

Beliefs such as this arise from a confusion between the correct statement 'greater utility is assigned to more wealth because more wealth is preferred' with the meaningless statement 'more wealth is preferred because it gives greater utility'. A misguided application of such thinking calls for the redistribution of wealth, for example by progressive taxation, on the grounds that a poor person gains 'more' from receiving $1000 than a rich one loses by paying $1000. Again, this is meaningless. And in this case the confusion is compounded by an unjustifiable attempt to compare different people's utilities. There is no reason why we should not adopt, say, the square root way of assigning utilities for everyone. But if we do this then the fact that your utility level is twice mine tells us precisely what we already know, that your wealth is four times mine, and nothing more. Utility is not a measure of happiness or well-being: it is simply a numerical representation of preference.

Summary

Choice under certainty involves choosing one or more definite items from a given menu.

The contraction condition requires that if you choose some item from a menu and this item remains available in a more restricted menu then you also choose it from the restricted menu.

The expansion condition requires that if you choose some item in pairwise choices with every other item on the menu then you choose it, though not necessarily it alone, from the full menu.

Choice is explained by a preference relation if, for some 'at least as good as' relation, the items which you choose are precisely those which are at least as good as every other item on the menu.

Choice is reasonable, that is, satisfies the contraction and expansion conditions, if and only if it can be explained by a preference relation.

The revelation condition requires that if you ever choose one item when a second item is available then whenever you choose the second and the first is available you also choose the first.

Choice is explained by a preference ordering if it is explained by a preference relation which is transitive.

Choice is rational, that is, satisfies the revelation condition, if and only if it is explained by a preference ordering.

A utility representation for an 'at least as good as' ordering assigns numbers to items in such a way that one item has a greater utility number than a second if and only if the first is better than the second; your choice is utility maximizing if, for some assignment of utilities, the items which you choose are precisely those whose utility is at least as great as that of every other item.

Choice is rational if and only if it is utility maximizing.

Chapter 3
Racing and roulette

I now turn to the case where menus consist of chance items such as '$100 if red comes up' and 'Avocado if Pegasus wins the Derby'. In the first case, typified by roulette, probabilities are given; in the second case, typified by racing, they must be inferred.

The setting

The *probability* of an outcome is a number, in the range 0 to 1, which quantifies how likely the outcome is: the higher the probability the more likely the outcome. At the extremes, a probability of 0 implies impossibility and a probability of 1 implies certainty. Probabilities have three basic properties. First, the probabilities of all possible outcomes add up to 1. Thus if all slots on a 36-slot roulette wheel are equally likely then the probability of any given number coming up is 1/36. Second, if two outcomes cannot both occur together then the probability of either of them occurring is the sum of the probabilities of each occurring. Thus the probability of a 7 or a 12 coming up is 2/36, and, using this property repeatedly, the probability of an even number coming up is 18/36, or 0.5. Third, the probability of two independent outcomes occurring consecutively is the product of the probabilities of their each occurring. Thus the probability of even numbers coming up twice in a row is 0.5×0.5, or 0.25.

Menu items under uncertainty are called gambles. A *probability gamble* is a list of possible prizes with a probability attached to each; clearly, these probabilities must add up to 1. An example is '\$100 with probability 0.5 and nothing with probability 0.5', or, equivalently, '\$100 with probability 0.5 and nothing otherwise'. Another example is 'nothing with probability 0.5, Bacon with probability 0.25, and Cheese otherwise'. We may write these two gambles, say *X* and *Y*, as

> \$100 wp 0.5 and nothing wp 0.5

and

> Nothing wp 0.5, Bacon wp 0.25, and Cheese otherwise

respectively, where 'wp' stands for 'with probability'.

You may imagine that the outcomes of gambles are determined by someone behind the scenes spinning a roulette wheel. If you have chosen gamble *X* and an even number comes up you receive \$100 and if an odd number comes up you receive nothing. If you have chosen gamble *Y* and a number in the range 1 to 18 comes up you receive Avocado, if a number in the range 19 to 27 comes up you receive Bacon, and if a number in the range 28 to 36 comes up you receive Cheese.

It will be convenient to consider 'Avocado with probability 1', which would more naturally be called simply Avocado, to be a gamble; this is said to be a *degenerate gamble*. Also, the prizes of a gamble may themselves be gambles. An example of such a gamble, the prizes of which are the gamble *X* and the gamble *Y*, is

> Gamble *X* wp 0.6 and gamble *Y* wp 0.4

This *compound gamble* may be seen as a *mixture* of the two component gambles *X* and *Y* with the weights 0.6 and 0.4

respectively. Such a mixture is a gamble whose prizes are all the prizes of *X* and *Y*; the probabilities associated with the prizes of *X* are their original probabilities multiplied by 0.6, and the probabilities associated with the prizes of *Y* are their original probabilities multiplied by 0.4. Thus, for example, the probability associated with $100, which is a prize of *X*, is 0.6 × 0.5, or 0.3; and that associated with nothing, which is a prize of both *X* and *Y*, is (0.6 × 0.5) + (0.4 × 0.5), or 0.5. This compound gamble, or mixture, is equivalent to the simple gamble

$100 wp 0.3, nothing wp 0.5, Bacon wp 0.1, and Cheese wp 0.1

as is illustrated in the figure.

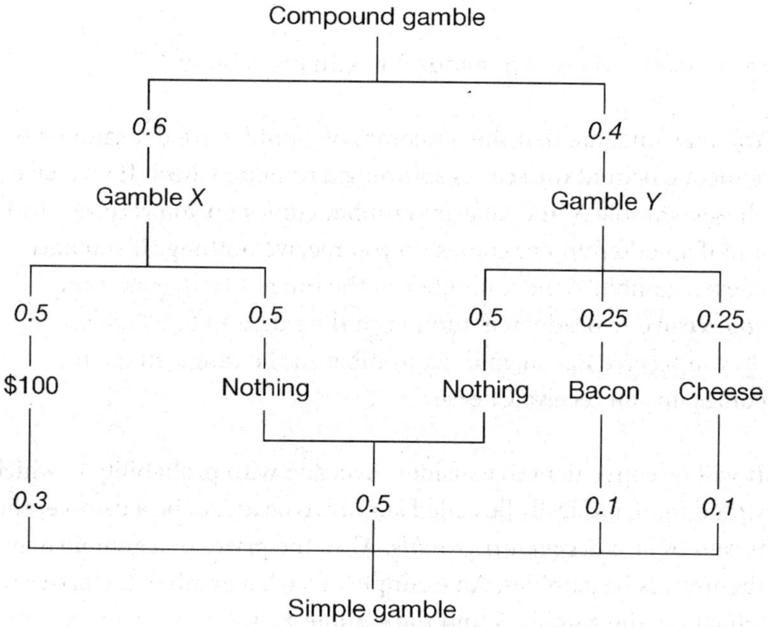

6. A compound gamble

With these preliminaries out of the way we can turn our attention to choice from gambles. We can immediately draw on the discussion of Chapter 2: merely changing the name of a menu item from

Asparagus to '$100 with probability 0.5 and nothing otherwise' cannot change any of the results of that chapter. None the less, there may be more to matters here. For example, if you prefer $100 to nothing then it would seem natural that you would prefer the gamble which gives you $100 with probability 0.9 and nothing otherwise to the gamble which gives you $100 with probability 0.1 and nothing otherwise. However, the concept of rationality developed in Chapter 2 would not imply this: as far as that conception goes, this would be analogous to requiring that you prefer Chicken to Duck just because you prefer Alligator to Beef.

The reason why there may be more to matters here is that menu items under certainty have no internal structure: Avocado is simply Avocado. Menu items under uncertainty, on the other hand, have some internal structure: they involve both prizes and probabilities. This means that preference orderings under certainty are the end of the matter: they cannot be rational or irrational. But we can sensibly ask whether preference orderings under uncertainty are rational. For example, we can look at patterns in preferences over gambles with the same prizes but different probabilities, such as those involving $100 or nothing.

Probability gambles

In the light of this discussion I shall assume that choices from gambles can be explained by a preference ordering and ask what it means for this ordering to be rational. As I shall not be concerned with preference relations which are not orderings, that is, which are not transitive, I shall, from now on, refer to preference orderings simply as *preferences*.

Consider the following example in which something seems amiss.

Vegetables example

You prefer Aubergine to Broccoli but, knowing that the service is haphazard and that whichever you ask for you have a 0.1 probability of getting Cauliflowers, you ask for Broccoli: that is, you prefer 'Broccoli with probability 0.9 and Cauliflowers otherwise' to 'Aubergine with probability 0.9 and Cauliflowers otherwise'.

The problem with your choices in this example is that in the second instance the outcome *C* is the same for each gamble yet you let it influence you. It would seem more natural if, when comparing two gambles, you were to ignore the aspects in which they were the same and concentrate on the ones in which they differ. Of course, you might prefer '0.9 of a *B* and 0.1 of a *C*' to '0.9 of an *A* and 0.1 of a *C*' even though you prefer *A* alone to *B* alone (perhaps because *C* goes better with *B* than it does with *A*). However, neither of these is being offered. Either you will get what you have ordered, or you will get *C*. If you get what you have ordered then *C* is irrelevant; if you get *C* then it does not matter what you have ordered. To ensure that such irrelevancies do not cloud the picture we might require that if you prefer one gamble to a second then you prefer any mixture of the first gamble and some third gamble to a mixture of the second gamble and the third with the same weights. This requirement is the *substitution condition*.

The substitution condition has an immediate implication. This is that if you prefer \$100 to nothing then you prefer the gamble which gives you \$100 with probability 0.9 and nothing otherwise to the gamble which gives you \$100 with probability 0.1 and nothing otherwise. More generally, if you prefer one gamble to another then you prefer a mixture of the two to a second mixture if and only if the weight of the better gamble in the first mixture is greater than that in the second.

A different type of problem arises in the next example.

Fruit example

You prefer Apples to Bananas and Bananas to Cherries (and, being rational, Apples to Cherries). However, you prefer Bananas to every gamble which gives you either Apples or the detested Cherries, however low the probability of getting the latter.

The problem with your choices in this example is that there is a jump in your preference. Consider your preference between *B* and the gamble *X* which gives you *A* with probability *p* and *C* otherwise for some probability *p*. If *p* is less than 1, however close to 1 it may be, you prefer *B*; but when *p* is equal to 1, which is to say when the gamble *X* becomes simply *A*, you prefer *X*. Thus at some point you switch from preferring one to the other without passing through the intervening stage of being indifferent between the two. This is illustrated in the table.

p	0.9	0.99	0.999	...	1.0
Choice	*B*	*B*	*B*	...	*X*

It would seem more acceptable for your preference to change smoothly rather than jump like this. To see what this implies in practice reinterpret *A* as being $1m, *B* as being nothing, and *C* as being your death. The claim is that for some sufficiently high probability *p* you would take the gamble which gives you $1m with the probability *p* and results in your death otherwise. If this seems unlikely ask yourself whether you would cross a busy street, thus incurring a minute probability of death, to collect $1m. Typically, the answer would be yes. To exclude jumps in preference we might require that if you prefer one gamble to a second and the second to a third then there is some mixture of the first and third which you consider indifferent to the second. This requirement is the *continuity condition*; it is also known as the Archimedean condition, after the Greek mathematician Archimedes (287–212 BCE).

(We might note parenthetically that the continuity condition requires that probabilities be allowed to vary continuously, for if they only varied in steps of 0.1, say, then it might well be that you preferred the gamble which gives you *A* with probability 0.9 and *C* otherwise to *B*, and preferred *B* to the gamble which gives you *A* with probability 0.8 and C otherwise; this in turn requires there to be infinitely many possible gambles.)

We should again check that our two conditions are consistent and independent. To avoid repetition I shall only consider consistency; it is straightforward to check independence. Consistency is shown by the following example.

Nuts example

In contemplating all possible gambles involving Almonds, Brazils, and Cashews you prefer one gamble to a second whenever twice the probability of getting Almonds plus the probability of getting Brazils in the first gamble is greater than the corresponding number in the second.

In this example you prefer the gamble

A wp p, B wp q, and C otherwise

to the gamble

A wp r, B wp s, and C otherwise

whenever $2p + q$ is greater than $2r + s$. Note that this specifies your preferences between all possible gambles involving A, B and C. It is easy to show that the substitution and continuity conditions are satisfied.

As the substitution and continuity conditions are consistent and independent and seem at least to rule out the problems which I have identified, I shall say that you have *rational preferences* over gambles if your preferences satisfy these conditions.

To characterize rationality we need the concept of *expected utility*. Recall that we have assumed that choice from gambles can be explained by a preference ordering, or, equivalently, is utility maximizing (as discussed in Chapter 2). Then, as we can assign utilities to all gambles we can certainly assign them to degenerate gambles, that is, to prizes. Assume that we have done this. Then the expected utility of a gamble is obtained by multiplying the utility of each prize by the probability associated with that prize and adding the resulting numbers. For example, if you have the utility assignment

X 1
Y 3
Z 2

then the expected utility of the gamble

X wp 0.2, Y wp 0.3, and Z wp 0.5

is $(1\times0.2) + (3\times0.3) + (2\times0.5)$, or 2.1.

Recall that we can assign utilities in many ways: all that is required is that better prizes have higher utilities. For future reference note that if we double all utilities then we double the expected utility of any gamble, and if we add 7 to all utilities then we add 7 to the expected utility of any gamble. For example, if we do both of these, in that order, the new expected utility of the above gamble is 11.2, which is double the old expected utility plus 7. However, if we replace all utilities with their squares then the new expected utility is not the square of the old expected utility: the new expected utility is 4.9 but the square of the old expected utility is 4.41.

It would be convenient if we could assign utilities to prizes in such a way that we could judge gambles simply on the basis of their expected utilities, that is, in such a way that you prefer one gamble to a second if and only if it has a higher expected utility. This would mean, for example, that you would prefer the above gamble to the new gamble

X wp 0.5, Y wp 0.3, and Z wp 0.2

because the expected utility of the original gamble, which, as we have noted, is 2.1, exceeds that of the new one, which is 1.8. If it is possible to assign utilities in this way then the utilities so assigned are called *cardinal utilities*, or Bernoulli utilities, after the mathematician Daniel Bernoulli (1700–82), and preferences are said to have the *expected utility property*.

If we can assign cardinal utilities at all then we can assign them in many ways. Suppose that we have assigned cardinal utilities to prizes in one way. Then a gamble *X* is better than a gamble *Y* if and only if it has a higher expected utility under this assignment. Now we assign utilities to prizes in a different way, under which the new utility assigned to each prize is twice its old utility plus 7. As we have seen, this implies that the new expected utility of any gamble is twice its old expected utility plus 7. Then *X* has a higher new expected utility than *Y* if and only if it has a higher old expected utility, which is to say if and only if it is better than *Y*. Thus cardinal utilities retain their representational properties when they are doubled and have 7 added to them. More generally, they retain their representational properties when transformed in what is known as a *linear* way: that is, when they are multiplied (or divided) by any positive number or when any number is added to (or subtracted from) them. A familiar example of a linear transformation is that between two ways of measuring temperature: degrees Fahrenheit are simply degrees centigrade multiplied by 1.8 and then having 32 added.

On the other hand, cardinal utilities do not retain their representational properties when transformed in a non-linear way. This is because applying any other transformation to utilities does not result in expected utility being transformed in the same way. For example, if you have the utility assignment

X	5
Y	3
Z	0

then you prefer *Y* (that is, the degenerate gamble which gives you *Y* with probability 1) to the gamble which gives you X with probability 0.5 and Z otherwise: the two expected utilities are 3 and 2.5. But if these utilities are replaced with their squares then the two expected utilities are 9 and 12.5, which would, wrongly, suggest that you prefer the gamble to Y.

Suppose that we have assigned cardinal utilities to prizes in such a way that a prize X has the utility v and a better prize Y has the utility u; obviously u must be greater than v. If we subtract v from these utilities and then divide the results by $u - v$ (which is positive) we have new cardinal utilities under which Y has the utility 1 and X has the utility 0. This means that if we can assign cardinal utilities at all then we can do this in a way which gives the utility 0 to one prize and 1 to some better prize.

The expected utility property applies in the Nuts example, in which you prefer one gamble to a second whenever twice the probability of getting A plus the probability of getting B in the first is greater than the corresponding number in the second. If we assign the utilities

A	2
B	1
C	0

then the expected utility of the gamble

A wp p, B wp q, and C otherwise

is $2p + q$; and that of the gamble

A wp r, B wp s, and C otherwise

is $2r + s$. Then as you prefer the first gamble to the second if and only if $2p + q$ is greater than $2r + s$ you prefer the first gamble to the second if and only if it has a higher expected utility. In other words, your preferences have the expected utility property.

To see that the expected utility property is not a trivial one return to the Vegetables example, in which you prefer A to B but also prefer the gamble X which gives you B with probability 0.9 and C otherwise to the gamble Y which gives you A with probability 0.9 and C otherwise. Since you prefer A to B we can assign a utility of 1 to A and 0 to B. Write the utility assigned to C as u. Then the expected utility of X is $0.1u$, and that of Y is $0.9 + 0.1u$. As you prefer X to Y the expected utility property would require $0.1u$ to be greater than $0.9 + 0.1u$, which is impossible.

A similar impasse awaits us in the Fruit example, in which you prefer A to B, and B to C, but prefer B to every gamble which gives either A or C. Since you prefer A to C we can assign a utility of 1 to A and 0 to C. Write the utility assigned to B as u. Then, as you prefer A to B, and B to C, u must lie between 0 and 1. Also, you prefer B to the gamble which gives you A with probability p and C otherwise for every probability p which is less than 1. Since the expected utility of the gamble is p, the expected utility property would require the fixed u of less than 1 to be greater than every possible such p. Again, this is impossible.

It is no coincidence that (*a*) the expected utility property holds in the Nuts but not in the Vegetables or Fruit examples, and (*b*) either the substitution or the continuity condition (or both) fails in the Vegetables and Fruit examples but both conditions are satisfied in the Nuts example. The expected utility property always holds whenever the two conditions are satisfied, which is to say whenever preferences are rational. We have then a complete characterization: preferences over (probability) gambles are rational if and only if they have the expected utility property.

Some extensions

The picture changes somewhat if time becomes relevant. Consider two gambles, each of which gives you \$1m in one year's time (measured from today) if an even number comes up at roulette and nothing otherwise. The two gambles, however, are not identical: in the first gamble the roulette wheel is spun today, while in the second it is spun in one year's time. Not only are they not identical, but you would be unlikely to consider them to be identical. You would typically prefer the first because knowledge of your future wealth would enable you to plan your life over the next year more advantageously. If you knew that you were going to be rich then you might run down your savings, or borrow against your future $1m, in the coming year. However, the timeless theory developed here cannot distinguish between the two gambles and cannot, therefore, deal with choices where time enters the picture in this way.

Even in a timeless framework all may not be straightforward. Consider an apparent paradox, known as the Allais paradox, after Maurice Allais (born 1911), the Nobel prize-winning economist. First, do you prefer the (degenerate) gamble *U* which is

$240 wp 1

to the gamble *V* which is

$250 wp 0.33, $240 wp 0.66, and $0 wp 0.01?

Second, do you prefer the gamble *X* which is

$250 wp 0.33 and $0 wp 0.67

to the gamble *Y* which is

$240 wp 0.34 and $0 wp 0.66?

Pause and consider. If you prefer the gamble *U* to the gamble *V* then you should also prefer *Y* to *X*. To see why this is the case assign a utility of 1 to $250 and 0 to nothing, and write the utility assigned to $240 as u. Then if you prefer *U* to *V* the (expected) utility of *U*, which is u, must be greater than the expected utility of *V*, which is

$0.33 + 0.66u$. This implies that $0.34u$ must be greater than 0.33. Since $0.34u$ is the expected utility of Y and 0.33 is the expected utility of X this in turn implies that, if your preferences have the expected utility property, you prefer Y to X.

However, in an experiment a significant proportion of people claimed to prefer U to V and also to prefer X to Y. This means that the preferences of these people did not have the expected utility property, or, equivalently, did not satisfy either the substitution condition or the continuity condition (in fact, the former). The cause of this seems to be that people attach too much importance to outcomes with very small probabilities. (This may go some way to explaining why people buy tickets in national lotteries which offer immense prizes with minute probabilities.) Make what you will of this, bearing in mind the possible responses to paradoxes which I noted in Chapter 1.

An implication of the fact that cardinal utilities retain their representational properties when transformed in a linear way but not when transformed in a non-linear way is that differences in utility now have some meaning. If the difference between the utilities in one pair of prizes is greater than that in a second pair for one way of assigning cardinal utilities then it is greater for all ways. It seems, then, that cardinal utility may provide a basis for arguments in favour of the redistribution of wealth. This question is best addressed in the context where all prizes are sums of money; accordingly, I shall delay its discussion until the next chapter.

State gambles

So far, probabilities have been given. To discuss choice where probabilities are not given we need the concept of states of the world, or, more simply, states. A *state* is a specification of everything which is relevant to your choice and about which you are uncertain. In the context of a two-horse race (and assuming that at least one horse will finish and there is not a dead-heat) the states might be

7. Alcove not winning: Alcove, ridden by the author, is second from the left

'Alcove wins' and 'Barathea wins'. As this example suggests, states must be specified in such a way that one and only one will occur.

A *state gamble* is a list of possible prizes with, for each, a specification of the state in which it will be received. An example in the present context would be 'Gain \$200 if Alcove wins and lose \$100 if Barathea wins'. We may write this as

+ \$200 if A and –\$100 if B

If the odds for Alcove were 2 to 1 (stake \$1 to win \$2) we could with some sense call this gamble 'Bet \$100 on Alcove'. If the odds for Barathea were 1 to 2 the gamble 'Bet \$100 on Barathea' would be

– \$100 if A and + \$50 if B

State gambles are analogous to probability gambles in that they each list a number of prizes with circumstances attached: the difference is that the circumstances are now states rather than probabilities. States allow us to think about choice from gambles when probabilities are not given. This is of some importance. In almost all interesting contexts probabilities are not given: you are not given the probability of Alcove winning, of your car being stolen, or of the stock market collapsing.

How might you sensibly choose from gambles when probabilities are not given? A plausible suggestion is that you would (a) assign subjective probabilities to states, then (b) assign utilities to prizes, and then (c) choose the gamble which gives you the highest *subjective expected utility* given these probabilities. To illustrate this procedure return to our race and consider choosing between the gambles 'Bet \$100 on Alcove' and 'Bet \$100 on Barathea'. You first assign probabilities to states: say 0.4 to Alcove winning and 0.6 to Barathea winning. You then assign utilities to prizes. There are three possible prizes:

+\$200 (if you bet on A and he wins)
+\$50 (if you bet on B and he wins)
–\$100 (if your horse loses)

You then assign utilities to these prizes, say

+\$200	5
+\$50	3
–\$100	0

Finally, you compute the expected utility of each gamble given these probabilities: 2 if you bet on Alcove and 1.8 if you bet on Barathea. As the subjective expected utility of betting on Alcove is greater than that of betting on Barathea you bet on Alcove. If you act in this way your preferences over gambles have the *subjective expected utility property*. The utilities which you assign are, of course, cardinal, and may be transformed in any linear way, though not in any other way.

To introduce some variety I shall in this context work backwards: that is, I shall start by assuming the subjective expected utility property and then see what conditions might support this. And, as the arguments are quite similar to those in the setting where probabilities are given, I shall not go into as much detail as in that setting.

The basic idea is beautifully simple. It is that by looking at patterns of choices you can unscramble utilities and probabilities. If you choose a gamble in which you receive Avocado if the sun shines and Cheese otherwise rather than one in which you receive Bacon if the sun shines and Cheese otherwise this suggests that you prefer Avocado to Bacon and thus assign it a higher utility. And if you also choose a gamble in which you receive Avocado if the sun shines and Bacon otherwise rather than one in which you receive Avocado if it is raining and Bacon otherwise this suggests that you consider sun more likely than rain and thus assign it a higher probability. By conducting sufficiently many such thought experiments you can assign utilities to all prizes and probabilities to all states. Having done so, you naturally act as if you had been given these utilities and probabilities and choose so as to maximize your expected utility.

If your preferences have the subjective expected utility property then both your tastes, represented by utilities, and your beliefs, represented by probabilities, are subjective. Also, your tastes and beliefs are independent: you do not value something more because you think it more likely, or think it more likely because you value it more. Further, the utility which you assign to a prize does not depend on the state in which you receive it: $200 means the same to you whether Alcove wins or loses. This last requirement is quite strong. It might be acceptable in the case of a race but seems less so in other settings.

Consider, for example, speculating on the euro exchange rate, expressed as the price of a euro in dollars. To keep matters simple I shall assume that there are only two possible states: the rate rises, and the rate falls. You have two possible gambles: buy euros, and sell euros. If you buy and the rate moves up you gain $100 but if it falls you lose $100; if you sell and the rate moves up you lose $100 but if it falls you gain $100. The complication is that gaining $100 when the exchange rate has risen is not the same as gaining $100 when the exchange rate has fallen: the cost of any imported items which you buy will be higher in the first case than it is in the second. More generally, the utility which you assign to a prize depends on the state in which it is received.

If, in the light of this example, it is felt that the subjective expected utility property is too demanding we could be less ambitious and allow utilities to depend on states. For example, instead of assigning utilities of, say, 0 to losing $100 and 1 to gaining $100 you might assign the utilities

Gain $100 in fall state	4
Gain $100 in rise state	3
Lose $100 in fall state	1
Lose $100 in rise state	0

Multiplying such utilities by the relevant probabilities and adding the resulting numbers gives the *state-dependent subjective expected utility* of a gamble. If you choose the gamble with the highest state-dependent subjective expected utility your preferences are said to have the *state-dependent subjective expected utility property*.

Clearly, this is a weaker property than the (full) subjective expected utility property.

To see what conditions might support the (full or state-dependent) subjective expected utility property we must explicitly allow the prizes of state gambles themselves to be gambles, just as we allowed the prizes of probability gambles to be gambles. We can then interpret mixtures of state gambles in a way directly analogous to mixtures of probability gambles. This in turn allows us to apply the substitution and continuity conditions to state gambles: recall that each of these conditions is expressed in terms of mixtures only, and does not mention probabilities.

Once we have done this we can immediately characterize the state-dependent subjective expected utility property. Preferences have this property if and only if they satisfy the substitution and continuity conditions (as applied to state gambles).

The substitution and continuity conditions do not, however, ensure that preferences have the full subjective expected utility property. This requires a further condition: that if you prefer one gamble to another in one state then you prefer it in all states. This condition, known as the *impartiality condition*, is much more restrictive than the other conditions we have encountered. Suppose that the two states are rain and sun, and one (degenerate) gamble gives an umbrella with certainty and another gives a bottle of water with certainty. Then you might well, in contravention of the impartiality condition, prefer the umbrella in the rain state and the water in the sun state.

Restrictive though it may be, the impartiality condition, together with the other two conditions, gives us the characterization we seek. Preferences have the full subjective expected utility property if and only if they satisfy the substitution and continuity conditions (as applied to state gambles) and the impartiality condition.

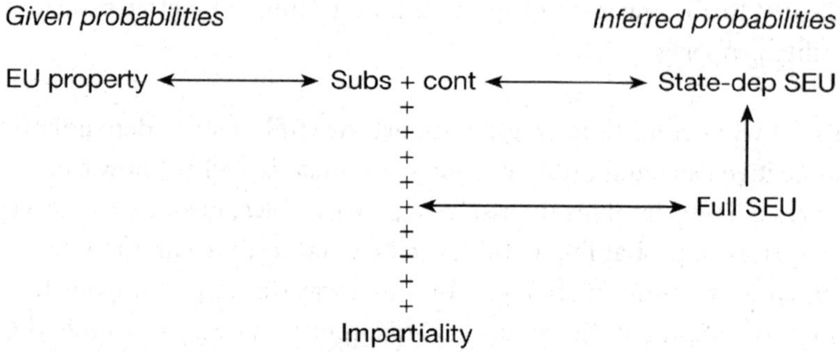

8. A map of choice under uncertainty: (S)EU stands for (subjective) expected utility, plus signs represent combinations, double arrows represent equivalence, and single arrows represent implications

The connections between the various concepts developed in this chapter are illustrated in the figure.

Further extensions

An analogue to the Allais paradox in the context of state gambles is a problem known as the Ellsberg paradox. A ball is to be drawn at random from an urn containing red, white, and blue balls. It is known that one third of the balls are red but it is not known what proportion of the balls are white (or what proportion are blue). First, do you prefer the gamble *U* which is

> $100 if red and $0 otherwise

to the gamble *V* which is

> $100 if white and $0 otherwise?

Second, do you prefer the gamble *X* which is

> $100 if white or blue and $0 otherwise

to the gamble *Y* which is

$100 if red or blue and $0 otherwise?

Pause and consider. If you prefer the gamble *U* to the gamble *V* then you should also prefer *Y* to *X*. To see why this is the case assign a utility of 1 to $100 and 0 to nothing, and write the probabilities which you assign to the ball being red, white, and blue as p, q, and r respectively (and note that none of these subjective probabilities need be 1/3). Now if you prefer *U* to *V* then the expected utility of *U*, which is p, must be greater than the expected utility of *V*, which is q. This implies that $p + r$ must be greater than $q + r$. Since $p + r$ is the expected utility of *Y* and $q + r$ is the expected utility of *X* this in turn implies that, if your preferences have the expected utility property, you prefer *Y* to *X*.

However, in an experiment a significant proportion of people claimed to prefer *U* to *V* and also to prefer *X* to *Y*. This means that the preferences of these people did not have even the state-dependent subjective expected utility property, or, equivalently, did not satisfy either the substitution condition or the continuity condition (in fact, the former). The cause of this seems to be that people prefer being given probabilities to having to infer them. Again, make what you will of this.

The Allais paradox concerns probability gambles, the Ellsberg state gambles. A third paradox, known as Newcomb's paradox but popularized by the philosopher Robert Nozick (1938–2002), concerns choice under uncertainty in general. You are faced with two boxes, one open and one closed. You have to choose either both boxes or just the closed box. You can see $100 in the open box; and you are told that a supreme being, who always predicts correctly, has placed $1m in the closed box if he has predicted that you will take only that box and has put nothing in it otherwise. Do you choose both boxes or just the closed box?

Nozick puts this problem to a large number of people and observes that 'To almost everyone it is perfectly clear and obvious what should be done. The difficulty is that these people seem to divide almost evenly in the problem, with large numbers thinking that the opposing half is just being silly'. It would indeed seem that anyone choosing just the closed box is being silly: the supreme being has already placed or not placed the $1m so you might as well choose both boxes (as, after a lengthy analysis, would Nozick). However, you should formulate your own response. (In doing so you might like to reflect that the Nobel-prize winning physicist Niels Bohr (1885–1962) when asked why he had a good-luck horseshoe on his wall is alleged to have said 'It's not that I believe in it; but I'm told that it works whether one believes in it or not'.)

Summary

Choice under uncertainty involves choosing from gambles, both when probabilities are given and when they are not.

The substitution condition requires that if you prefer one gamble to a second then you prefer any mixture of the first gamble and some third gamble to a mixture of the second gamble and the third with the same weights.

The continuity condition requires that if you prefer one gamble to a second and the second to a third then there is some mixture of the first and third which you consider indifferent to the second.

The expected utility of a probability gamble is obtained by multiplying the utility of each prize by the probability associated with that prize and adding these numbers; preferences over probability gambles have the expected utility property if you prefer one gamble to a second if and only if it has a higher expected utility.

Preferences over probability gambles are rational, that is, satisfy the substitution and continuity conditions, if and only if they have the expected utility property.

The state-dependent subjective expected utility of a gamble is obtained by multiplying the utility of each prize in the state in which it is received by the subjective probability associated with that state and adding these numbers; preferences over state gambles have the state-dependent subjective expected utility property if you prefer one gamble to a second if and only if it has a higher such expected utility, and have the (full) subjective expected utility property if this applies when the utilities assigned to prizes are independent of the states in which they are received.

The impartiality condition requires that if you prefer one gamble to another in one state then you prefer it in all states.

Preferences have the state-dependent subjective expected utility property if and only if they satisfy the substitution and continuity conditions (as applied to state gambles); they have the (full) subjective expected utility property if and only if, in addition, they satisfy the impartiality condition.

Chapter 4
Gambling and insurance

As a digression from the main story I now turn to a special case of choice from gambles, that in which all prizes are sums of money. I shall for the most part present the discussion in the context in which probabilities are given rather than that in which they are not. However, in the light of the discussion of Chapter 3 the story can just as well be interpreted in the second context by replacing given probabilities with subjective probabilities.

Attitudes to risk

We can express gambles involving money either in terms of final wealth or in terms of gains and losses. For example, if your current wealth is \$5000 then the gamble which gives you a final wealth of either \$4000 or \$6000 can be expressed as one in which you either gain or lose \$1000. I shall use whichever form is the more convenient at the time, but shall distinguish the form in which prizes are expressed as gains or losses by preceding these with a plus or minus sign.

I shall, for reasons which will become apparent, assume that wealth can vary continuously. I shall also allow all gambles other than those which might reduce your wealth to some negative amount, however much these might increase your wealth. (We might note parenthetically that this implies that there are infinitely many prizes.)

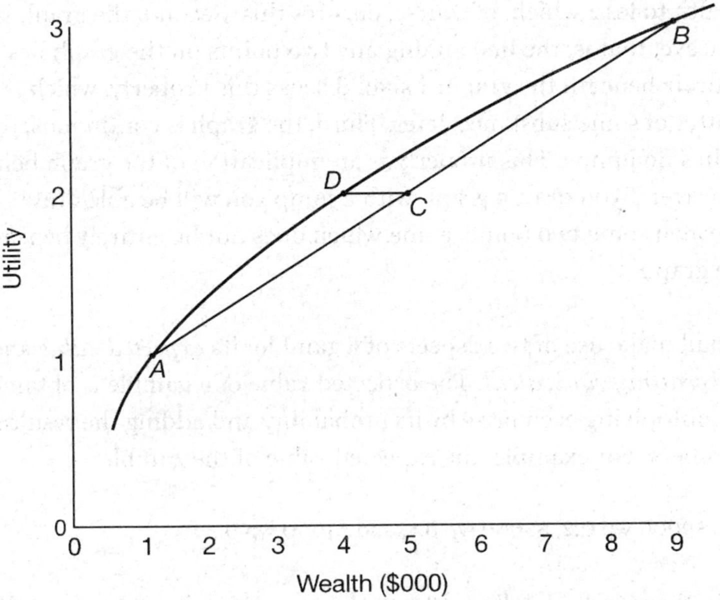

9. A utility schedule: the expected value of the gamble which results in your wealth being either at *A* or at *B* with equal probability is your wealth at *C*, the certainty equivalent of this gamble is your wealth at *D*, and the risk premium of this gamble is the distance between *C* and *D*

Drawing on the theory developed in Chapter 3, we can assign a cardinal utility to each possible prize. If we take it that you start with some given level of wealth this is the same as assigning a utility to each level of wealth, or specifying a *utility schedule* for wealth. For example, your utility schedule may assign to each level of wealth (expressed in thousands of dollars) the square root of that level; in this case you would, for instance, assign a utility of 2 to a wealth of $4000. (I shall refer to this schedule as the square root schedule.) A utility schedule can be illustrated by a graph in which your wealth is measured on the horizontal axis and your utility on the vertical. Such a schedule (in fact the square root schedule) is illustrated in the figure.

The graph here has various properties. First, it slopes upwards: I shall make the uncontentious assumption that you prefer more wealth to less, which, of course, ensures this. Second, the graph is concave, that is, the line joining any two points on the graph lies entirely beneath the graph: I shall discuss this property, which is a matter of some substance, later. Third, the graph is continuous, that is, has no jumps. This property is an implication of the graph being concave: if you draw a graph with a jump you will be able draw between some two points a line which does not lie entirely beneath the graph.

I shall make use of two aspects of a gamble: its *expected value* and its *certainty equivalent*. The expected value of a gamble is obtained by multiplying each prize by its probability and adding the resulting numbers. For example, the expected value of the gamble

$9000 wp 0.2, $5000 wp 0.5, and $1000 wp 0.3

is, in thousands of dollars, $(9 \times 0.2) + (5 \times 0.5) + (1 \times 0.3)$, or $4600. (Expected value is analogous to expected utility. However, expected value only makes sense where all prizes are in the same units, such as dollars. If they were not then we could not in general multiply them by probabilities and then add them.) I shall call a gamble *fair* if its expected value is zero, favourable if this is positive, and unfavourable if this is negative. (Fair is used in the actuarial sense; it has no ethical overtones.)

The certainty equivalent of a gamble is the sum which you would accept in place of the gamble, or, equivalently, would pay to get the gamble. More precisely, it is the amount of money which, if you had it with certainty, you would consider indifferent to the gamble. It is easy to see that a gamble has one and only one certainty equivalent. (If we did not allow wealth to vary continuously, but only in steps of, say, $1, this might not be the case: it might well be that you considered $1000 to be worse than some gamble and $1001 better.)

To illustrate the calculation of a certainty equivalent, assume that your utility schedule is the square root schedule and consider the gamble which, if you take it, will result in your wealth either being \$9000, in which case your utility is 3, or \$1000, in which case your utility is 1, each with equal probability. The expected utility of this gamble is 2 and the certainty equivalent of the gamble is the level of wealth at which your utility is the same as this expected utility of 2, that is, \$4000. This is illustrated in the graph above: the gamble results in your wealth being either at *A* or at *B*; your expected utility is your utility at *C*; and the certainty equivalent is your wealth at *D*.

I shall say that you are *risk averse* with respect to a gamble if you prefer the expected value of the gamble with certainty to the gamble itself; equivalently, you are risk averse if the expected value is greater than the certainty equivalent. Conversely, you are risk loving if you prefer the gamble to its expected value, or if the expected value is less than the certainty equivalent. The difference between the expected value and the certainty equivalent is the *risk premium* for the gamble. The expected value of the gamble which we have just considered, which will result in your wealth either being \$9000 or \$1000 with equal probability, is \$5000; the risk premium is thus \$5000–\$4000, or \$1000. This too is illustrated in the graph: the expected value of the gamble is your wealth at *C*; the risk premium is the distance between *C* and *D*.

It is clear that you are risk averse with respect to a gamble if its risk premium is positive, and risk loving if this is negative. I shall say that you are risk averse (without qualification) if you are risk averse with respect to all gambles, and risk loving if you are risk loving with respect to all gambles. It is easy to see that you are risk averse if the graph of the utility schedule is concave, and risk loving if this graph is convex (convexity is the opposite of concavity).

It appears that risk aversion is the norm. If you think that you are risk loving the following example (due to Daniel Bernoulli, whom we encountered in Chapter 3, and so named because it was first reported in the *Commentarii* of the St Petersburg Academy) may change your mind.

St Petersburg example

A gamble is resolved by tossing an unbiased coin as many times as is necessary to obtain a head: if it takes only one toss the prize is $2, if it takes two tosses it is $4, if it takes three it is $8, and so forth. How much would you be prepared to pay for this gamble; that is, what is your certainty equivalent? Pause and consider.

If the amount which you would be prepared to pay is less than the expected value of the gamble then you are risk averse, at least with respect to this gamble. Even though the number of possible prizes is infinite it is easy to calculate the expected value. The first row in the following table gives the number, *n*, of tosses it takes to obtain a head; the second row is the prize if it takes *n* tosses; the third row is the probability of it taking *n* tosses (which is just the probability of obtaining *n* specified outcomes each with a probability of 0.5 consecutively); and the fourth row is the prize in the second row multiplied by thc probability in the third.

Tosses	1	2	3	...
Prize	+$2	+$4	+$8	...
Probability	1/2	1/4	1/8	...
Product	$1	$1	$1	...

Adding the amounts in the fourth row gives the expected value. As this is the sum of an unending series each element of which is $1 it is infinite. Thus, even if you, perhaps rashly, agreed to pay $1m for this gamble you would be risk averse. Pause again and consider what, in the light of this discussion, you would be prepared to pay? Casual observation suggests that a typical figure is of the order of $16.

Measuring risk aversion

Since risk aversion seems to be the norm I shall, from now on, assume it. Recall that the risk premium is positive, and thus that you are risk averse, if and only if the graph of your utility schedule is concave. Indeed, it seems plausible that the more concave the graph of your utility schedule, the higher the risk premium, and thus the more you are risk averse. This suggests that we may be able to interpret the degree of concavity at some level of wealth as your *risk aversion measure* at this level.

If we are to do this we need to be able to measure the degree of concavity. At any level of wealth we can measure the slope of the graph of the utility schedule. This is the vertical change, or change in utility, divided by the horizontal change, or change in wealth, for an arbitrarily small change in wealth (and is thus the same as the marginal utility of wealth). This slope changes as the level of wealth changes: if the graph is concave it becomes flatter, or, equivalently, its slope decreases, as wealth increases. The degree of concavity is measured by the proportionate rate of decrease of the slope, that is, the rate at which the slope decreases divided by the slope itself.

To illustrate the calculation of a risk aversion measure, assume that your utility schedule is the square root schedule. Then your utility at wealth levels around $4000 is (approximately)

$3999	1.9997
$4000	2.0000
$4001	2.0002

The slope of the graph of the utility schedule just below $4000 is 2.0000 – 1.9997, or 0.0003 and that just above is 0.0002. The rate of decrease of the slope is thus 0.0001; dividing this by the average value of the slope itself, that is, by 0.00025, gives the proportionate rate of decrease, or the risk aversion measure, of 0.4. (This is necessarily approximate as we are using dollar changes in wealth rather than arbitrarily small changes; there is also some rounding error.)

It remains to see how robust this measure is. The first point to note is that your risk aversion measure does not change if your utility is transformed in a linear way. This is because doubling, say, all utilities doubles both the slope and the rate at which it decreases, while adding 7, say, to all utilities changes neither the slope nor the rate at which it decreases.

A second point is that, obviously, the measure is positive at some level of wealth if and only if the graph is concave around that level. Only a little less obviously, the measure is positive for all levels of wealth if and only if the graph is concave (everywhere), or, equivalently, if and only if you are risk averse (without qualification).

Now consider how we might compare your risk aversion with mine. An obvious way to approach this is to say that you are *more risk averse* than me if I would accept any gamble which you would accept but not conversely. It is easy to see that this is the case if and only if your risk premium for any gamble is greater than mine. But is there any connection between your being more risk averse than me and our measures of risk aversion? There is: you are more risk averse than me if and only if your measure of risk aversion at all levels of wealth is greater than mine.

So far, then, our measure of risk aversion seems sound. To see where a problem might lie we need to consider what it means for one gamble to be *riskier* than another. Consider the following two fair gambles: *X*, which is

+\$150 wp 0.4 and –\$100 wp 0.6

and *Y* which is

+\$400 wp 0.2 and –\$100 wp 0.8

Suppose you take the gamble *X* and, if you win, stake \$250 on the toss of a coin, that is, take the further fair gamble

+$250 wp 0.5 and –$250 wp 0.5

(If you lose in the gamble *X* you do nothing further.) Using the procedure for evaluating compound gambles discussed in Chapter 3 it is easy to see that this two-stage gamble is equivalent to the one-stage gamble *Y*. Thus the gamble *Y* can be seen as the gamble *X* with a fair gamble added: we can sensibly say that *Y* is riskier than *X*. More generally, one fair gamble is riskier than a second if the first is equivalent to the second with one or more fair gambles added.

We can compare the riskiness of gambles which are not fair by looking at their risky parts, that is, at their gains and losses relative to their expected values. More precisely, the *risky part* of a gamble is the gamble with all its prizes reduced by its expected value; it is, of course, a fair gamble. For example, the risky part of the gamble *Z*,

+$500 wp 0.2 and $0 wp 0.8

whose expected value is $100, is the fair gamble *Y*. Accordingly, as *Y* is riskier than *X*, we can say that *Z* is riskier than *X*. In general, one gamble is riskier than a second if the risky part of the first is riskier than the risky part of the second.

I can now return to the main story. Consider two gambles *X* and *Y* with the same expected value. If you are risk averse then, not surprisingly, you will always choose *X* rather than *Y* whenever *X* is less risky. So far so good. But now consider two new gambles *U* and *V*: *U* has a higher expected value than *V*, but is also riskier. If you choose *U* rather than *V*, and if you are more risk averse than me, then it would seem natural that I will also choose *U* rather than *V*. If the higher expected value is compensation for the extra risk for you then it should also be so for me. If *V* is a degenerate gamble then it is easy to see that this is the case. However, in general it is not the case.

We have, then, a problem. It seems that there is something unsatisfactory either with our measure of risk aversion or with our understanding of what it means for one gamble to be riskier than another. Which would you amend?

Some extensions

Gambling (in the colloquial sense) and insurance each involve taking on a gamble (in the technical sense). Gambling involves taking on a new gamble. If you bet \$100 on red in a game of roulette then you take on a gamble *X* whose prizes are +\$100 (if red comes up) and –\$100 (if it does not). Insurance involves taking on a gamble which offsets an existing gamble. If you have a car worth \$5000 which is at risk of being stolen then you have an existing gamble *Y* whose prizes are –\$5000 (if the car is stolen) and nothing (if it is not). If you then take on a gamble *Z* whose prizes are +\$4940 (if the car is stolen) and –\$60 (if it is not) then you end up with the net (degenerate) gamble whose prize is –\$60 whether your car is stolen or not. Taking on the gamble *Z* offsets your existing gamble *Y*: it is insuring, at a premium of \$60.

If the roulette wheel has a single zero then there are 18 red slots and 19 non-red slots (the zero is neither red nor black) so your roulette gamble *X* has an expected value of (+\$100×18/37) + (–\$100×19/37), or approximately –\$3. If the probability of your car being stolen is 0.01 then your insurance gamble *Z* has an expected value of (\$4940 × 0.01) + (–\$60 × 0.99), or –\$10. Since all commercial roulette wheels have zeros, playing roulette in casinos will always involve taking on unfavourable gambles. (All organized gambling is on unfavourable terms: national lotteries are an extreme case, in which staking \$100 typically involves taking on a gamble with an expected value of –\$50.) Since insurance companies have costs, insuring will also involve taking on unfavourable gambles.

There is nothing irrational either in gambling on unfavourable terms or in insuring on unfavourable terms. However, it is easy to

10. Roulette: at Palm Beach

see that if you are risk averse then you will not gamble on unfavourable terms, though you may insure. Similarly, if you are risk loving then you will not insure on unfavourable terms, though you may gamble. However, casual observation seems to suggest that many people both gamble and insure on unfavourable terms: they buy tickets in national lotteries and insure their cars. If you buy a ticket in a national lottery then you must be risk loving; if you insure your car then you must be risk averse. How can you be both?

One resolution of this conundrum relies on the fact that you may be risk averse at some levels of wealth and risk loving at others. In particular, you may avoid risks when poor but be more prepared to take risks as you become richer. Recall that if you are risk averse then the graph of your utility schedule is concave and if you are risk loving then it is convex. However, if you are risk averse at low levels of wealth and risk loving at high levels then the graph of your utility schedule is concave at low levels and convex at high.

As an example, suppose that your present wealth is $5000 and your utility schedule is as follows:

$1000	2
$3000	9
$5000	10
$7000	11
$9000	18

First consider betting $2000 on a horse at the fair odds of 2 to 1. This gamble will result in your wealth rising to $9000 with a probability of 1/3 (if your horse wins) or falling to $3000 with a probability of 2/3 (if it loses); its expected utility is $(18 \times 1/3) + (9 \times 2/3)$, or 12. Since this exceeds the utility of your present wealth, which is 10, you take the gamble.

Now consider your insurance decision. You can insure your car, which is worth $6000, at a fair premium of $2000. Your certain wealth being $5000 means that your car is insured: you must choose whether or not to cancel your insurance. Cancelling involves taking on a new gamble which will result in your wealth rising to $7000 with a probability of 2/3 (if your car is not stolen) or falling to $1000 with a probability of 1/3 (if it is); the expected utility of this new gamble is $(11 \times 2/3) + (2 \times 1/3)$, or 8. Since this is less than the utility of your present wealth, which again is 10, you do not take on this new gamble; that is, you insure. Note that this shows that you may both gamble and insure on fair terms; it is easy to see that if the terms become slightly unfair you may continue both to gamble and insure.

This is illustrated in the figure, in which your present wealth is at *A*. The horse gamble would result in your wealth being either at *B* or at *C* and your expected utility being directly above your utility at *A* so you take it. The new insurance gamble would result in your wealth being either at *D* or at *E* and your expected utility being directly below your utility at *A* so you do not take it, that is, you insure.

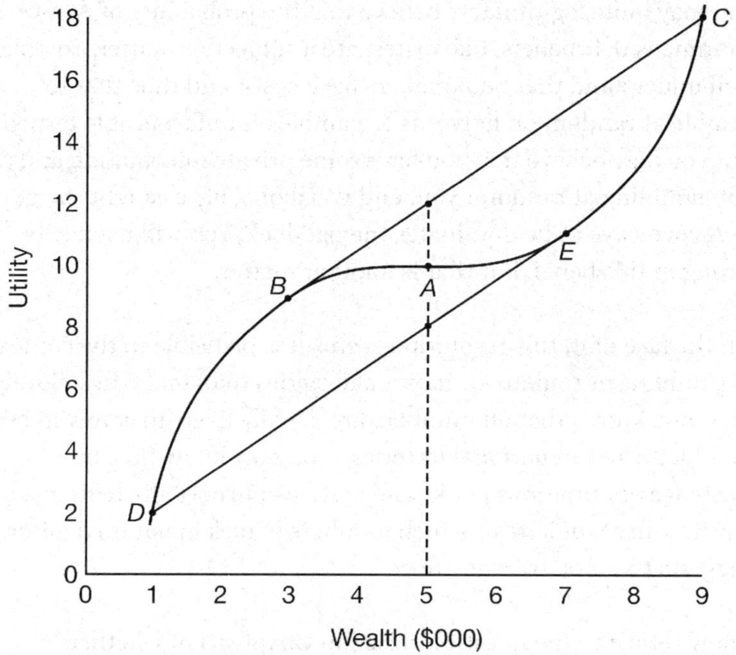

11. Gambling and insuring: if your wealth is at *A* you would accept the fair gamble which would result in your wealth being either at *B* or at *C* but reject that which would result in your wealth being at either *D* or at *E*

Ingenious though this resolution may be, it seems a little artificial. It requires not only that the graph of your utility schedule has the required shape but also that your present wealth is at the required level: it could not be much above that at *E* (or you would not insure) or much below that at *B* (or you would not gamble).

An alternative resolution is that people are risk averse at all levels of wealth and accordingly insure on unfavourable terms but do not gamble on unfavourable terms: they only appear to do so. If the odds against Alcove winning a race are 2 to 1 and you believe that the probability of his winning is 0.4 then you may well bet on him even if you are risk averse. This is because by doing so you are taking on the gamble which gives you +$200 with probability 0.4 and −$100 otherwise, the expected value of which is +$20.

You may quite legitimately believe that the probability of Alcove winning is 0.4: beliefs, like tastes, are a subjective matter. You may well understand that bookmakers have costs, and thus that to gamble at random on horses is to gamble on unfavourable terms. But you may believe that you have some private information and are not gambling at random: you, and you alone, have caught the glint in Alcove's eye as he dominates the paddock. You will usually be wrong in this belief, but that is another matter.

On the face of it, this resolution seems less plausible in the context of gambling at roulette or national lotteries than on horses. Surely everyone knows that all numbers are equally likely to come up both at roulette and in national lotteries? You may know this, but the existence of numerous books and systems purportedly telling you how to win at roulette or which numbers to pick in national lotteries suggests that not everyone does.

I now return to the question raised in Chapter 3 of whether cardinal utility can provide a basis for arguments in favour of the redistribution of wealth. Recall that, although marginal utilities have no meaning when utility is ordinal, they do have some meaning when utility is cardinal. This is because if the difference between the utilities which you assign to $1000 and $2000 is greater than the difference between the utilities which you assign to $8000 and $9000 under one way of assigning cardinal utilities then it is greater under all ways. But what does this mean? It means that you are risk averse, no more and no less. In particular, it does not mean that there will be some sort of net gain if $1000 is transferred from someone with a wealth of $9000 to someone with a wealth of $1000. Apart from anything else this would involve an unjustifiable comparison between different people's utilities. More to the point here, it tries to read some sort of measure of happiness or well-being into what is simply a numerical way to represent attitudes to risk. Even if, ignoring the interpersonal comparison problem, we were to use cardinal utilities to justify redistribution, we would be redistributing simply on the basis of people's attitudes to risk. If people were risk loving then redistribution on this basis would take from the poor and give to the rich.

A more subtle attempt to justify redistribution uses an imaginary *veil of ignorance*. Suppose that everybody contemplates all the possible distributions of wealth. Some examples, for a population of 10 million, might be

1m at $1000, 5m at $4000, and 4m at $8000
1m at $1000 and 9m at $5000
10m at $2000

Not all distributions involve the same total as it is implicit that distributions have come about in some way which requires our participation and some distributions give greater incentives to participate than others.

Then without knowing his individual position in these distributions (that is, in the first distribution, not knowing whether his wealth will be $1000, $4000, or $8000), each person chooses a distribution. It is claimed that everyone will choose the distribution which gives the largest amount to the poorest person, or poorest group of people: in the present example everyone will choose '10m at $2000'. It is also claimed that the distribution which people choose from behind the veil of ignorance is just, and that if the actual distribution differs from this then redistribution is justified. This is the difference principle formulated by the philosopher John Rawls (born 1921).

> All social values – liberty and opportunity, income and wealth, and the bases of self-respect – are to be distributed equally unless an unequal distribution of any, or all, of these values is to everyone's advantage.

The first claim, that everyone will choose the distribution which gives the largest amount to the poorest person, is a substantive one and relates directly to choice theory. Behind the veil you have to choose from gambles such as

$1000 wp p, $4000 wp q, and $8000 otherwise
$1000 wp r and $5000 otherwise
$2000 wp 1

You will only choose the last of these three gambles if you are extremely risk averse. Indeed, if you preferred this third gamble to the second, say, for all values of the probability r you would violate the continuity condition. Thus the claim that each person will choose the distribution which gives the largest amount to the poorest person seems untenable.

The second claim, that the distribution which people choose from behind the veil of ignorance is just and that if the actual distribution differs from this then redistribution is justified, is a matter of ethics: choice theory will not illuminate it. However, I note in passing that there are other views. One is that a distribution is just if it is the result of voluntary actions and for no other reason. If you are wealthier than me because you are industrious and I am lazy that is the end of the matter: it is not for anyone to take from you to give to me. This is the entitlement theory formulated by Robert Nozick, whom we encountered in Chapter 3.

> We are not in the position of children who have been given portions of a pie by someone who now makes last minute adjustments to rectify careless cutting. There is no central distribution, no person or group entitled to control all the resources, jointly deciding how they are to be doled out. What each person gets, he gets from others who give to him in exchange for something, or as a gift. In a free society, diverse persons control different resources, and new holdings arise out of the voluntary exchanges and actions of persons. There is no more a distributing or a distribution of shares than there is a distributing of mates in a society in which persons choose whom they shall marry.

Summary

Attitudes to risk are manifest in choices from gambles in which all prizes are sums of money.

The risk premium for a gamble is (*a*) the expected value of the gamble, which is obtained by multiplying each prize by its probability and adding the resulting numbers, minus (*b*) the certainty equivalent of the gamble, which is the sum which you would accept in place of the gamble.

The risk aversion measure at some level of wealth is the proportionate rate of decrease of the slope of the graph of the utility schedule at this level.

You are more risk averse than me if I would accept any gamble which you would accept but not conversely.

You are more risk averse than me (*a*) if and only if your risk premium for all gambles is greater than mine, and (*b*) if and only if your measure of risk aversion at all levels of wealth is greater than mine.

Chapter 5
Conflict and cooperation

I now return to the main story and consider the case where menus consist of strategic items, which I shall now call actions, such as making a high or a low auction bid. This is the framework of game theory. However, I concentrate on how it might be rational for you alone to choose: game theory concentrates how we might each choose in a jointly sustainable way.

The setting

In a strategic framework you have to choose an action knowing that I, independently, am also choosing an action and that the outcome will depend on what we each choose.

Before proceeding, we need to consider the concept of common knowledge. Common knowledge differs from mutual knowledge. Something is mutual knowledge to you and me if we each know it; it is common knowledge if we each know it, we each know that we each know it, we each know that we each know that we each know it, and so forth. As an illustration of the difference between common and mutual knowledge suppose that you and I are each dealt a card. Each card is from a red suit but we do not know this: each of us sees only the suit of his own card. The dealer asks me and then you if we know the colour of the other's suit. Clearly, we each answer no. The dealer then tells us that at least one of the cards is from a red suit and repeats the question. Again, I answer no. But you, on hearing this, realize that my answer implies that my suit cannot be black; thus you deduce that my suit is red and answer yes. The point of this story is that your response changes, from no to yes, as a result of your being told something which you already know: that at least one of the cards is from a red suit. The reason for this is that the information which you receive turns mutual knowledge into common knowledge.

All the details of a strategy problem are common knowledge: the actions which we can each choose, the resulting outcomes, and the utilities which (drawing on the results of Chapter 3) we each assign to these. It is also common knowledge that we each choose rationally, in a sense to be developed.

As an example of a strategy problem, suppose that you and I are each to make an independent sealed bid in an auction of some wine which we each value at $100. To keep matters simple, only two bids are permitted: a high bid of $96 and a low bid of $94. After we have each submitted our bids the auctioneer opens them and gives the wine to the higher bidder, who then pays the auctioneer the sum which he has bid. If both bids are the same the auctioneer gives half the wine to each of us and we each pay the auctioneer half of the sum which we have bid. It is clear that your gain from each possible bid depends on what I bid, and conversely. If you bid high and I bid low then your gain is $100 – $96, or $4; if you bid low and I bid high your gain is $0, as your bid is not accepted; if we both bid high your gain is 0.5 × $4, or $2; and if we both bid low your gain is 0.5 × $6, or $3. My gains are similar. You have to choose whether to bid high or low.

The possible outcomes of the auction are set out in the table on the next page, in which the outcome '$4, $0' is that in which you gain $4 and I gain $0, and so forth.

	I bid high	*I bid low*
You bid high	'$2, $2'	'$4, $0'
You bid low	'$0, $4'	'$3, $3'

You and I each assign cardinal utilities to these outcomes. For example, we may assign the utilities

Outcome	*You*	*Me*
'$0, $4'	0	3
'$2, $2'	1	1
'$3, $3'	2	2
'$4, $0'	3	0

Thus you assign the utility of 0 to the outcome in which your gain is $0 and mine is $4, and so forth.

There are three aspects of this utility assignment which call for comment. First, you and I each assign utilities to entire outcomes, not just to our own respective gains: you may wish me well, and therefore, other things being equal, assign a higher utility to outcomes in which I gain more, or wish me ill, or not be concerned for me one way or the other. Second, utilities, being cardinal, already incorporate attitudes to risk. Thus if, for instance, you had the option of the gamble giving the outcomes '$2, $2' and '$4, $0' with equal probability you would, with the above utility assignment, be indifferent between this gamble and the outcome '$3, $3' with certainty as your (expected) utility in each case would the 2. Third, there is no suggestion that your and my utilities can be compared in any way: we each assign utilities independently.

We can combine the information contained in these two tables to obtain a *payoff matrix* for the auction problem. Specifically, we replace the outcome '$2, $2' with its associated pair of utilities, that is, 1 for you and 1 for me, and so forth. The rows of a payoff matrix correspond to your possible actions and the columns to mine. The entry for each row and column is the outcome, in the format of your utility followed by mine, if you choose the row action and I the column. We can now restate the Auction example as follows.

Auction example

You and I each have to bid astronomically high or boringly low in a sealed bid auction. The payoff matrix is

	A	*B*
A	1 : 1	3 : 0
B	0 : 3	2 : 2

The Auction problem is equivalent to the well-known Prisoners' Dilemma problem. In this problem you and I have been charged with committing a crime. We have been told that if we both deny the crime then we will each be convicted of a lesser offence and receive a light sentence; if we both confess then we will each receive a moderate sentence; and if only one of us confesses he will be freed and used as a witness against the other, who will receive a severe sentence. Before we can communicate we are placed in separate cells. You have to choose whether to confess or deny. Assume that we are each concerned only with our own sentences, and that we each assign a utility of 0 to a severe sentence, 1 to a moderate one, 2 to a light one, and 3 to being freed. Then it is easy to see that the payoff matrix for this problem is the same, apart from a change of names, as that in the Auction example.

Rational actions

Consider the following example (I shall not attempt to construct a story for this or for some of the following examples).

12. *The Game of Draughts*: the prize sits in the middle (Mattia Preti, c.1635)

Tree example

You and I each have to choose a tree: you can choose Ash, Beech, or Chestnut; I can choose Ash or Beech. The payoff matrix is

	A	*B*
A	0 : 0	3 : 1
B	2 : 1	2 : 2
C	3 : 2	0 : 3

You do not, of course, know which action or actions I will choose, or even with what probability I will choose each action. However, if you had been told these probabilities then your choice would be easy: you would choose the action which maximized your expected utility given these probabilities. This action is your *best response* to these probabilities. Suppose that, in this example, you had been told that I will choose *A* with probability 0.5 (and *B* otherwise). Then if you choose *A* your expected utility will be $(0 \times 0.5) + (3 \times 0.5)$, or 1.5;

if you choose B it will be 2; and if you choose C it will be 1.5. Accordingly, you choose B, which is to say that B is your best response to these probabilities.

Now assume that you are only told my *potential actions*, that is, the actions which I might choose. Attaching different probabilities to these will, in general, result in different best responses. For instance, if in the above example you are told that I will choose A with probability 0.2 rather than 0.5 then your best response will change to A, and if you are told that I will choose A with probability 0.8 then your best response will change to C. Your *plausible responses* to my potential actions are your best responses to some probabilities over these. In this example your plausible responses to my potential actions being A or B are A, B, and C.

Best and plausible responses can be used to explore rationality. An instance of a choice which would not seem to be rational would be that of your choosing B in the Auction example. What is wrong with this is that B is not a plausible response to either of my potential actions. Regardless of whether you are told that I will choose A, or will choose B, or might choose either, your only plausible response is A.

A more subtle instance of a choice which would not seem to be rational is provided by the following example.

Flower example

You and I each have to choose a flower: we can each choose Aconite, Buttercup, or Cowslip. The payoff matrix is

	A	B	C
A	1 : 0	1 : 0	2 : 1
B	2 : 1	2 : 2	1 : 3
C	1 : 0	0 : 2	0 : 1

Suppose that, in this example, you choose B. The problem here is less obvious. On the face of it your choice seems unobjectionable: B

is a plausible response to my choosing either *A* or *B*. But you must ask yourself whether I would, in fact, choose *A* or *B*. Clearly I would not choose *A* as it is not a plausible response for me to anything which you might choose. Then might I choose *B*? If I did then I would have to believe that you would choose *C*, as my choosing *B* is not a plausible response to your choosing either *A* or *B*. But I know that you would not choose *C* as it is not a plausible response to anything which I might choose. It follows that you should know that I will not choose either *A* or *B*, and thus will choose *C*. But your choosing *B* is not a plausible response to my choosing *C*. Thus it would not seem rational for you to choose *B*.

A *rational action* is one which can be justified using a string of plausible response arguments, just as in the above example. In a strategy problem you do not know what I will choose. However, you may infer something about my actions as you know that I will only choose a plausible response. Specifically, you may infer that anything which I may choose will be a plausible response to whatever I infer you may choose. Further, as you know that I know that you will only choose a plausible response you should anticipate that I will make an analogous inference. Indeed, you should anticipate that I anticipate that you will make an analogous inference, and so forth. A rational action is one which emerges from this chain of reasoning: your action is rational if it is a plausible response to my plausible responses to your plausible responses to my plausible responses . . . Note that rationality is essentially an individualistic concept. In the Auction example we would both be better off if we each chose *B* rather than *A*: what is individually rational may well not be collectively rational.

We can illustrate this chain of reasoning in the Flower example with a table. Each row in this gives the person choosing, the other person's potential actions which the chooser is facing, and the chooser's plausible responses to these.

Chooser	*Facing*	*Response*
You	*ABC*	*AB*
Me	*AB*	*C*
You	*C*	*A*
Me	*A*	*C*

The chain comes to an end where neither your plausible responses nor mine change as the reasoning continues. This will clearly be the case if we reach a point where each of us chooses just one action, as applies here. We should note that we have started with your responses, rather than mine: however, it is easy to see that we obtain the same outcome if we start with my responses. Thus your rational action is *A* (and mine is *C*).

It is clear that you will always have some rational action. However, you may have more than one, as the following example (the original version of which is known as Meeting in New York) shows.

Meeting example

You and I have arranged to meet but have omitted to agree whether it is to be at the Anchor or at the Bear. As we each want to meet but do not mind where we can write the payoff matrix as

	A	*B*
A	1 : 1	0 : 0
B	0 : 0	1 : 1

If you had been told that the probability of my choosing *A* was greater than 0.5 then your best response would be *A*. If you had been told that this probability was less than 0.5 then your best response would be *B*. Thus, as your plausible responses are your best responses to some probabilities, your plausible responses to my potential actions being *A* or *B* are *A* and *B*. As my plausible responses are the same the rational actions for each of us must be both A and B (as, indeed, we should have expected from the symmetry of the example).

Undominated actions

To characterize rationality we need the concept of dominance. One of your actions dominates a second if, whatever I choose, you prefer the first; equivalently, your utility from the first is greater than that from the second. For instance, in the Auction example your action A dominates your action B. There is also a more subtle form of domination. Imagine that, instead of choosing some specific action, you could choose a combination of actions, or, equivalently, a gamble on your actions. This means that as well as choosing either X or Y you could choose the gamble 'X with probability 0.5 and Y otherwise'. A gamble on your actions dominates some specific action if, whatever I choose, your expected utility from the gamble is greater than your utility from the specific action. Consider the following example.

Insect example

You and I each have to choose an insect: you can choose Ant, Bee, or Caterpillar; I can choose Ant or Bee. The payoff matrix is

	A	B
A	0 : 0	3 : 1
B	1 : 1	1 : 2
C	3 : 2	0 : 3

In this example your gamble 'A with probability 0.5 and C otherwise' dominates your action B: whatever action I choose your expected utility from the gamble is 1.5 and your utility from B is 1. As this example shows, an action can be dominated by a combination even if it is not dominated by any of its components: your action B is not dominated by either A or C.

An action is *undominated* if it is not dominated by any combination (including any degenerate combination, that is, any action). In other words, your action is undominated if there is no action which gives you a higher (expected) utility whatever action (or combination of actions) I choose. As you might expect, an action must be undominated if it is to be a best response. Since it must be a best response if it is to be rational this means that it must be undominated if it is to be rational. However, the converse is not the case: an action may be undominated but not rational.

To see this, return to the Tree example, the payoff matrix in which is

	A	*B*
A	0 : 0	3 : 1
B	2 : 1	2 : 2
C	3 : 2	0 : 3

Here your action *C* is undominated but, as it is easy to see, is not rational.

The reason why your action *C* is not rational in the Tree example is that, although it is undominated, (*a*) it becomes dominated if my action *A* is deleted from the problem, and (*b*) it is reasonable to delete my action *A* because it is dominated (by my action *B*). This is to say that your action *C* does not survive the iterative deletion of dominated actions, or is not *iteratively undominated*: in other words, your action is not dominated by any actions of mine which are not dominated by any actions of yours which are not dominated by any actions of mine which are not dominated by any actions of yours . . .

For an illustration of iterative deletion return to the Flower example, the payoff matrix in which is

	A	*B*	*C*
A	1 : 0	1 : 0	2 : 1
B	2 : 1	2 : 2	1 : 3
C	1 : 0	0 : 2	0 : 1

In this we can iteratively delete actions as in the next table. Each row of this gives the person choosing, the other person's actions which the chooser is facing, and the actions which the chooser deletes at this stage.

Chooser	*Facing*	*Delete*
You	*ABC*	*C*
Me	*AB*	*AB*
You	*C*	*B*
Me	*A*	–
You	*C*	–

The process comes to an end where neither of us deletes any more actions. In this example your only action which survives is *A* (and mine is *C*). Note that the first time I choose I delete both *A* and *B*; it is easy to see that we reach the same outcome, though with more steps, if I delete only *A* or only *B* at this step. It is also easy to see that, just as in the process used to obtain rational actions, we reach the same outcome if we start with my deletions rather than yours.

The process of iterative deletion of dominated actions clearly has much in common with the process used to obtain rational actions. It is no coincidence that in the Flower example the two processes reach the same result: this applies in general. Thus we have a complete characterization: choice is rational if and only if it is iteratively undominated.

Although it might seem appealing we should beware of using what is known as weak dominance in place of dominance. One of your actions weakly dominates a second action if (*a*) whatever action I choose your utility from the first is no less than that from the second, and (*b*) for at least one of my actions your utility from the first is greater than that from the second. Consider the following example.

Bird example

You and I each have to choose a bird: you can each choose Avocet, Blackbird, or Crow; I can choose Avocet or Blackbird. The payoff matrix is

	A	B
A	1 : 1	0 : 0
B	1 : 1	2 : 1
C	0 : 0	2 : 1

In this example your action B weakly dominates (but does not dominate) both your action A and your action C.

We cannot iteratively delete weakly dominated outcomes with the same confidence as we can iteratively delete dominated ones. As our characterization of rationality tells us, iteratively weakly undominated actions are not the same as rational ones. Also, the order of deletion matters. If in the above example you delete A then I will delete A: you will choose either B or C and have a utility of 2. However, if you delete C instead of A then I will delete B: you will choose either B or C and have a utility of 1. None the less, if we have already deleted all dominated actions then it may make sense to avoid weakly dominated actions.

Sustainable actions

A question which arises is whether there is any connection between acting rationally and acting in a sustainable way. If we each choose rationally are our actions *sustainable*? And if our actions are sustainable must they be rational?

To proceed we need to consider what it means for our actions to be sustainable. I shall say that this is the case if your action is your best response to mine, and mine is my best response to yours. (A best response to an action is just the best response to the degenerate probability giving that action.) If this is the case then our pair of actions is sustainable in the sense that neither of us has a unilateral incentive to change. A pair of sustainable actions is also called a Nash equilibrium, after John Nash (born 1928), the Nobel prize-winning economist and mathematician (and the subject of the film *A Beautiful Mind*). Note that, although we can ask whether your action in isolation is rational, we cannot ask whether it is sustainable: sustainability is a property only of pairs of actions, one for you and one for me.

For an illustration of sustainable actions return to the Auction example, the payoff matrix in which is

	A	B
A	1 : 1	3 : 0
B	0 : 3	2 : 2

In this example each of us choosing A is sustainable, since if you know that I will choose A then you will choose A, and if I know that you will choose A then I will choose A.

As the Auction example suggests, and as follows almost directly from the definitions, sustainable actions are rational. However, the converse is not the case: not all pairs of rational actions are sustainable. The next example shows this.

Animal example

You and I each have to choose an animal: we can each choose Ass, Boar, or Cow. The payoff matrix is

	A	B	C
A	0 : 7	2 : 5	7 : 0
B	5 : 2	3 : 3	5 : 2
C	7 : 0	2 : 5	0 : 7

It is easy to see that in this example the only sustainable actions are

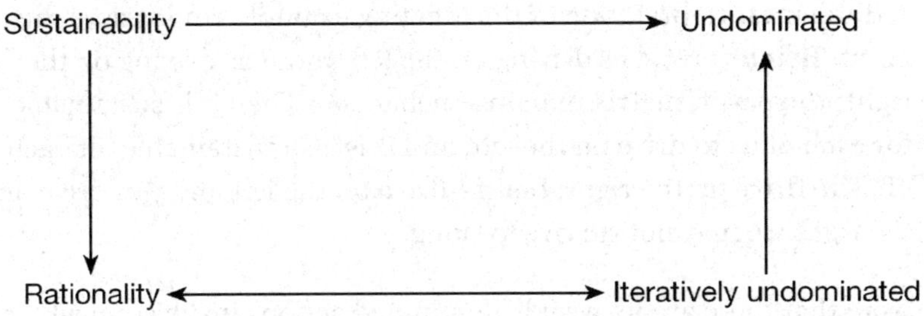

13. A map of strategic choice: double arrows represent equivalence and single arrows represent implications

your choosing *B* and my choosing *B*, but every possible action is rational for you (and also for me).

The connections between rationality, dominance and sustainability are illustrated in the figure.

My main aim in discussing sustainability is to investigate the connection between acting rationally and acting in a sustainable way, rather than to look at sustainability in detail. However, I shall briefly note two problems with the concept of sustainability.

The first problem is that there may be many incompatible sustainable actions. This can be seen in the Meeting example, the payoff matrix in which is

	A	*B*
A	1 : 1	0 : 0
B	0 : 0	1 : 1

In this example your choosing *A* and my choosing *A* is sustainable, as neither of us would choose *B* if he knew that the other would choose *A*. Similarly, your choosing *B* and my choosing *B* is sustainable. Thus we have more than one sustainable pair. This would not matter if your choosing your component of one pair and my choosing my component of another was also sustainable, but this is not the case: your choosing *A* and my choosing *B* is not sustainable.

A different interpretation of the Meeting example emphasizes this point. Reinterpret *A* as driving on the left and *B* as driving on the right; the payoff matrix remains unchanged. Then it is sustainable for each of us to drive on the left, and it is also sustainable for each of us to drive on the right; but if I drive on the left and you drive on the right we may not survive for long.

Note that there are no weakly dominated actions involved in either sustainable pair in this example: if there were then it might make sense to avoid them. Also note that the problem of incompatibility cannot arise with rational actions: you may have more than one rational action and so may I, but pairs of actions play no part in the story.

The second problem with the concept of sustainability is that there may appear to be no sustainable actions. This can be seen in the following example (the original version of which is known as Matching Pennies).

Matching example

You and I each have to choose and show a card bearing a picture of an Angel or of a Beast; if our pictures are the same I pay you $100, and if they differ you pay me $100. As we each like money we may write the payoff matrix as

	A	*B*
A	1 : 0	0 : 1
B	0 : 1	1 : 0

Clearly our each choosing the same action cannot be sustainable, for if I then knew your action I would change mine; similarly, our each choosing different actions cannot be sustainable, for if you then knew my action you would change yours. Thus there are no sustainable actions. This problem cannot arise with rational actions: as we have seen, you always have some rational action.

However, sustainable actions, of sorts, can be made to appear through the device of allowing gambles as well as individual actions to be chosen (as we did in the discussion of dominance). In this case a sustainable pair of actions, now sometimes called a Nash equilibrium in mixed strategies, has the same properties as before: your and my actions are sustainable if your action is your best response to mine, and mine is my best response to yours. If we allow gambles to be chosen then a sustainable pair of actions appears in the Matching example. It is easy to see that your and my each choosing the gamble '*A* with probability 0.5 and *B* otherwise' is sustainable, and, indeed, the only sustainable pair of actions. In fact, if we allow gambles to be chosen then all strategy problems have sustainable actions.

Not only do sustainable actions appear where there were none, but new sustainable actions can appear in addition to existing ones. Recall that in the Meeting example, reinterpreted so that *A* is driving on the left and *B* is driving on the right, there are two sustainable pairs: each of us driving on the left, and each of us driving on the right. But if we allow gambles to be chosen then there is a third sustainable pair. This involves our each, independently, spinning a coin and driving on the left if it comes up heads and on the right if it comes up tails: another recipe for disaster.

If we interpret sustainability in this new sense it remains the case that sustainable actions are rational; again, this follows almost directly from the definitions. Also, not all pairs of rational actions are sustainable. To see this, return to the Animal example, the payoff matrix in which is

	A	*B*	*C*
A	0 : 7	2 : 5	7 : 0
B	5 : 2	3 : 3	5 : 2
C	7 : 0	2 : 5	0 : 7

It is easy to see that your and my each choosing *B* remains the only sustainable pair even when we can each choose gambles; however, as we have seen, every possible action is rational.

Thus the concept of sustainability may be ambiguous, as it is when there is more than one sustainable pair of actions; or empty, as it is when there are no sustainable actions and we do not allow gambles; or somewhat opaque, as it is when the only sustainable actions require the use of gambles.

Some extensions

The picture changes somewhat if time becomes relevant. Return again to the Auction example, the payoff matrix in which is

	A	*B*
A	1 : 1	3 : 0
B	0 : 3	2 : 2

and suppose that now we must each choose on two consecutive days rather than just once. On the second day we each know what we each chose on the first day. You now choose from the eight actions

A today and *A* tomorrow if I chose *A* today
A today and *A* tomorrow if I chose *B* today
A today and *B* tomorrow if I chose *A* today

and so forth. (My actions are analogous.) It is easy to see that your only two (equivalent) rational actions are '*A* today and *A* tomorrow if I chose *A* today' and '*A* today and *A* tomorrow if I chose *B* today'; that is, you choose *A* today and *A* tomorrow regardless of what I have chosen. Thus nothing essential changes.

Now suppose that we each have to choose on a hundred successive days. You may then feel that it might be worth your while choosing *B* on some of the early days in the expectation that this would build up some trust between us and that consequently I would start choosing *B*, which would be to our mutual advantage. However, you would be ill-advised to do this. On the last day the question of building up trust does not arise so we would each choose in the same way as we would if we were doing so only once, that is, we would each choose A. Then on the ninety-ninth day the question of building up trust would not arise as we would each know what the other would choose on the last day: again, we would each choose A. Repeating this argument, we would each choose A on every day. Again, nothing changes. The same logic applies if we choose on any finite number of days.

However, this logic does not apply if we choose indefinitely, as then there is no last day from which to start the induction process. In fact, if we choose indefinitely our each choosing B each day is not only individually rational but also jointly sustainable (although there may also be other sustainable outcomes). The picture has changed radically from the finitely repeated, and thus essentially timeless, case in which our each choosing A each day is the only rational outcome.

Generalizing from this result we may say that, while what is individually rational may not be collectively rational in a finitely repeated setting, it may (though need not) become so in an indefinitely repeated setting. Thus indefinite repetition may turn competition into cooperation. This result is such a part of folklore that it is known as the folk theorem. As David Hume, whom we encountered in Chapter 1, noted:

> I learn to do service to another, without bearing him any real kindness, because I foresee, that he will return my service in expectation of another of the same kind, and in order to maintain the same correspondence of good offices with me and others. And accordingly, after I have served him and he is in possession of the advantage arising from my action, he is induced to perform his part, as foreseeing the consequences of his refusal.

The tension between what is individually rational and what is collectively rational has led to much confusion. Some of this is encapsulated in the apparent paradox of the twins. The claim is that as the Auction example is symmetric you and I can be thought of as twins who will choose in the same way. As you know this you will bid low: you know that I will always do the same as you, and our both bidding low is better than our both bidding high. Attempts to justify the claim of symmetry are often based on what is known as the *Harsanyi doctrine*, after John Harsanyi (born 1920), the Nobel prize-winning economist and philosopher. This doctrine claims that two people with the same information and experiences will necessarily act in the same way. The doctrine, to which I shall return in the next chapter, is tautologically true if experiences are defined in such a way as to include everything that might make a person different. But then how relevant is it? You should take your own view both of this doctrine and of the apparent paradox.

In Chapter 4 I considered whether we could learn anything about distributive justice from the device of the veil of ignorance. I now turn to a similar device, the *veil of uncertainty*. The veil of ignorance represents a pretended lack of knowledge about facts which are already determined, such as who you are; the veil of uncertainty represents a real lack of knowledge about events which are yet to occur, such as who will find oil. Suppose that you and I are each prospecting for oil. We each start with zero wealth. If we both find oil, or neither of us finds oil, we each end up with the same wealth: the question of distribution is not very interesting in either case. Consider then the case where just one of us, we do not know which, finds oil; in that case one of us will have $2m and the other nothing.

I shall assume that we are each concerned only with our own gains, and are risk averse. To make the discussion concrete I shall assume that we each assign the utilities

$0	0
$1m	4
$2m	6

Before we set out, that is, behind the veil of uncertainty, we can independently choose to accept a redistribution agreement: whoever finds the oil will share the proceeds equally with the other. If we do this then, subject to one of us finding oil, we will each have \$1m with certainty and thus a utility of 4. If we do not accept such an agreement, which will be the case if either of us backs out of the agreement, then, again subject to one of us finding oil, we will each have either \$2m or nothing with equal probability and thus an expected utility of 3. The payoff matrix for this problem is then

	A	B
A	$4:4$	$3:3$
B	$3:3$	$3:3$

It is obviously rational for you to choose either A or B; it is equally obvious that our both choosing A is sustainable as is our both choosing B. However, A weakly dominates B for each of us so it may make sense for us each to choose A, and thus accept a redistribution agreement.

It is sometimes claimed that the fact that behind the veil of uncertainty everyone might choose to enter into a redistribution agreement supports the compulsory redistribution of wealth once the veil has been lifted. However, this claim seems problematic. An alternative interpretation of the claim is that it just makes the rather obvious point that risk averse people will freely choose to insure on fair terms. You should make your own interpretation.

Summary

Strategic choice involves your choosing from actions the outcomes of which depend on my choice as well as yours.

Your best response to some given probabilities over my potential actions, that is, over the actions which I might choose, is the action which maximizes your expected utility given these probabilities;

your plausible responses to my potential actions are your best responses to some probabilities over these.

Your action is rational if it is a plausible response to my plausible responses to your plausible responses to my plausible responses . . .

Your action is undominated if there is no other action which gives you a higher (expected) utility whatever action (or combination of actions) I choose; it is iteratively undominated if it is not dominated by any actions of mine which are not dominated by any actions of yours which are not dominated by any actions of mine which are not dominated by any actions of yours . . .

An action is rational if and only if it is iteratively undominated.

A pair of actions, one for you and one for me, is jointly sustainable if your action is your best response to mine and mine is my best response to yours.

If a pair of actions is jointly sustainable then each component of the pair is rational, but each component may be rational without the pair being jointly sustainable.

There may be many incompatible pairs of jointly sustainable actions, or none.

Chapter 6
Democracy and dictatorship

I now turn from the discussion of your individual choices to that of choices by a group of which you are a member.

The setting

A *group* is any collection of at least three people, such as a family, a club, or a nation: I shall concentrate on the group of travellers consisting of you, me and Montmorency. The group has to choose collectively from a menu of definite items: our particular group intends to travel together and has to choose from travel by Air, Boat, and Car. I shall assume that each person in the group is rational in the sense developed in Chapter 2. This means that everyone has preferences over menu items, and, indeed, can rank these. For example, our pattern of rankings might be

You	*Me*	*Monty*
A	*C*	*ABC*
B	*B*	
C	*A*	

Note that ties are permitted: although you and I each rank only one item top, Montmorency ranks every item top.

I shall consider how the choices of the group reflect the preferences of its members. The way in which members' preferences are taken account of in determining the group's choices is known as a *constitution* for the group; this specifies the choices which the group makes for every possible pattern of its members' preferences. There are two sorts of question we can ask about constitutions. First, do they combine individuals' preferences in an acceptable way? Second, are the choices which they specify satisfactory?

Acceptable constitutions

I shall start by exploring what it means for constitutions to combine individuals' preferences in an acceptable way. Perhaps the best known constitution is that of democracy, otherwise known as the *majority rule*: that the group chooses an item if at least as many people rank it top of the available items as rank any other specific item top.

An obvious example is the electoral system of 'first past the post'. If the left receives 40 per cent of the vote and the centre and the right each receive 30 per cent then the left is chosen. There is nothing obviously unsatisfactory about the majority rule as regards the way in which it takes account of individuals' preferences (though, as we shall see, it may have other problems).

However, other rules may not seem so acceptable. Consider the *Borda rule*, named after Jean Charles de Borda (1733–99), the naval officer and political theorist. This rule specifies that each person gives as a score to each item on the full menu the number of items which he considers to be worse than that item; these scores are added up and the group chooses the item with the highest total score.

In the electoral context this rule is referred to as (a form of) proportional representation. It was proposed by de Borda, against the violent opposition of Napoleon Bonaparte, that this rule be used in elections to the Academy of Sciences. To see why Napoleon may have been unhappy consider the following example.

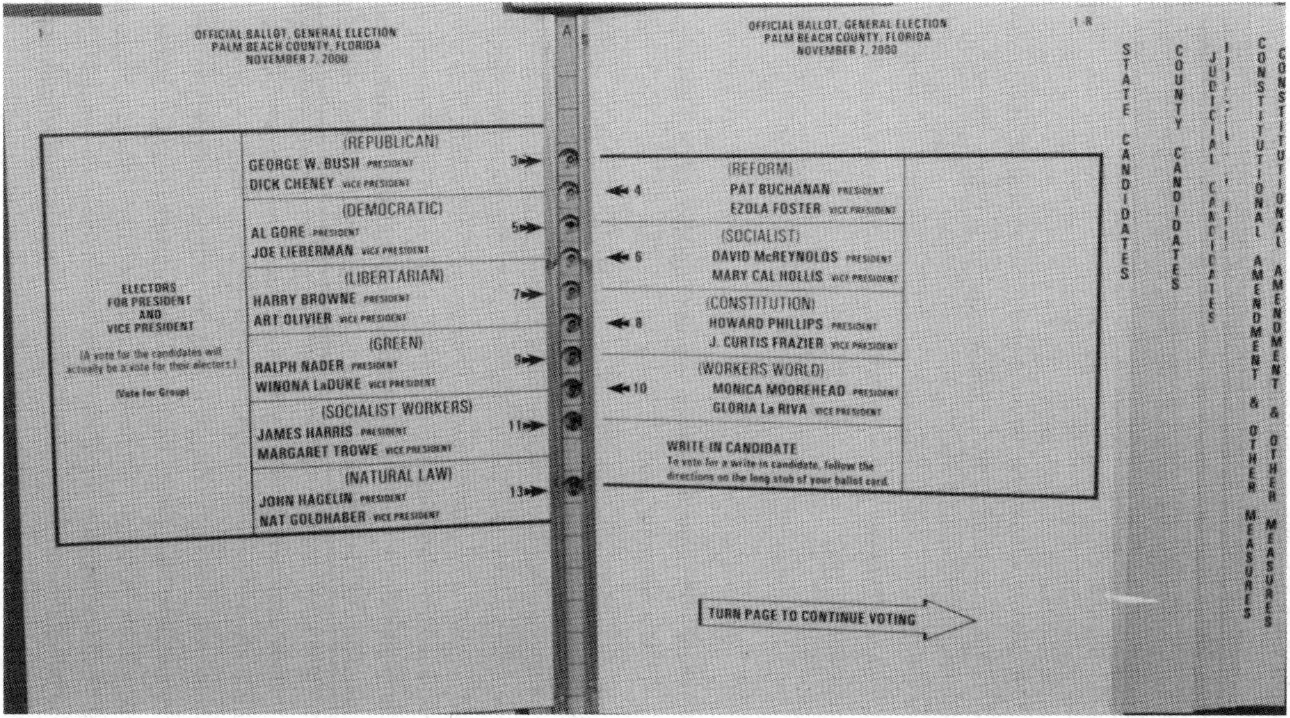

14. A ballot paper: also at Palm Beach – the mysterious case of the hanging chads

Borda example

We choose using the Borda rule. When our rankings are

You	*Me*	*Monty*
A	*C*	*ABC*
B	*A*	
C	*B*	

and we have to choose between *A* and *C* we choose *A*: *A* has a score of 3, *C* has a score of 2, and *B* has a score of 1. When our rankings are

You	*Me*	*Monty*
A	*C*	*ABC*
C	*B*	
B	*A*	

and we have to choose between *A* and *C* we choose *C*: *C* has a score of 3, *A* has a score of 2, and *B* has a score of 1.

The problem in this example is that the group choice between *A* and *C* changes when our rankings change, even though no person's preferences between *A* and *C* has changed: the choice between *A* and *C* depends on our ranking of the irrelevant item *B*. This seems unsatisfactory. For instance, if *B* is deleted from the full menu, say because of stormy weather, then the choice between *A* and *C* under each pattern of preferences in the Borda example differs from that when *B* is on the menu. (When *B* is deleted the choice under each pattern of preferences is both *A* and *C*: each has a score of 1.) To avoid such problems we might require that the group choice between any two items depends only on individuals' preferences between these two items. Equivalently, we might require that the group choice between two items does not change in response to any change of an individual's preferences which leaves his ranking of these two items unchanged. This requirement is the *independence condition*.

The independence condition would seem to be one of the minimal requirements for a constitution. Even if it is satisfied we may not be entirely happy.

Consider the somewhat trivial *alphabetical rule*: that menu items are ranked in alphabetical order and the group chooses the item ranked top of the available items. It is clear that this rule satisfies the independence condition. However, one of the problems with this rule is that it does not treat items symmetrically. Assume, for example, that everyone prefers *U* to *V*, and also prefers *Y* to *X*. Then the group will choose *U* from the pair *U* and *V*, but will not choose *Y* from the pair *X* and *Y* even though everyone ranks these items in the same way as they rank the items *U* and *V*. To avoid this problem we might require that if everyone ranks the items *U* and *V* in the same way as they rank the items *X* and *Y*, and the group chooses *U* from the first pair, then it chooses *X* from the second. This requirement is the *neutrality condition*. The neutrality condition is stronger than the independence condition. That neutrality implies independence follows directly from the definitions; and, as we have seen, the alphabetical rule shows that independence does not imply neutrality.

I now turn to potential problems of a different type. A further problem with the alphabetical rule is that it does not respect unanimity: the group will choose *X* from the pair *X* and *Y* even if everyone prefers *Y* to *X*. If we are to allow individuals' preferences to count at all it would seem odd if unanimous preferences, when they occur, were not respected. To avoid this problem we might require that if everyone prefers one item to a second then the group chooses the first alone from the pair. Note that we are not requiring that the first is chosen, let alone chosen uniquely, if the two are considered indifferent by even one person. This requirement is the *unanimity condition*.

This condition would seem to be one of the minimal requirements for a constitution. Even if it is satisfied we may not be entirely happy. Consider the *Pareto rule*, named after the economist Vilfredo Pareto (1848–1923): the group chooses an item if there is no other item which everyone prefers. It is clear that this rule satisfies the unanimity condition. To see what might be considered a problem with this rule consider the following example.

Pareto example

We choose using the Pareto rule. When our rankings are

You	*Me*	*Monty*
A	*B*	*A*
B	*A*	*C*
C	*C*	*B*

we choose both *A* and *B*. When our rankings are

You	*Me*	*Monty*
A	*AB*	*A*
B	*C*	*C*
C		*B*

we still choose both *A* and *B*.

What might be considered amiss in this example is that the group choice does not respond positively to changes in individuals' preferences. Items *A* and *B* tie under the first pattern of preferences, *B* moves up relative to *A* in my ranking while your and Montmorency's rankings remain unchanged, yet *A* is still chosen under the second pattern. To avoid this problem we might require that (*a*) there is some pattern of preferences under which each item is chosen, and (*b*) if one item moves up relative to a second item in one person's ranking while no one else's ranking changes then if the group originally chose the first item it continues to choose it, and if it originally chose both items it now chooses the first alone. This requirement is the *responsiveness condition*. The responsiveness condition is stronger than the unanimity condition. It is easy to see that responsiveness implies unanimity; and, as we have seen, the Pareto rule shows that unanimity does not imply responsiveness.

We have, then, four conditions concerning the way in which individuals' preferences are taken account of: neutrality and its weaker form, independence; and responsiveness and its weaker form, unanimity. I shall call neutrality and responsiveness the *strong conditions* and their weaker forms, independence and unanimity, the *weak conditions*. These four conditions together are consistent: it is easy to see that the majority rule satisfies all of them. Also, the two weak conditions are independent, as are the two strong ones. It is easy to find a rule which satisfies independence but not unanimity, and another which satisfies unanimity but not independence. Similarly, it is easy to find a rule which satisfies neutrality but not responsiveness, and another which satisfies responsiveness but not neutrality.

Reasonable constitutions

I have, so far, discussed only the first of the two questions we can ask about constitutions: do they combine individuals' preferences in an acceptable way? I now turn to the second: are the choices which they specify satisfactory? I shall approach this by asking whether the choices they make are reasonable, or rational, in the senses developed in Chapter 2. Specifically, I shall see if we can characterize the constitutions which satisfy various conditions and which produce reasonable, or, as the case may be, rational, choices.

Before doing so I shall, if only because it is so well known, digress briefly on the majority rule: that the group chooses an item if at least as many people rank it top as rank any other specific item top. As we have seen, the majority rule satisfies the strong conditions. It also satisfies a further requirement: that people are treated symmetrically; that is, that if two people exchange their rankings then the group choice remains unchanged. This requirement is the *anonymity condition*.

Indeed, not only does the majority rule satisfy these three conditions, it is the only rule which does this. We have, then, a complete characterization: a constitution satisfies the neutrality, responsiveness, and anonymity conditions if and only if it is the majority rule.

This characterization may be complete, but is it of any interest? The answer is unambiguously no. This is because not only may this rule fail to produce rational, or even reasonable, choices, it may fail to produce any choices at all. To see this consider the following example.

Majority example

We choose using the majority rule. When our rankings are

You	*Me*	*Monty*
A	*C*	*B*
B	*A*	*C*
C	*B*	*A*

there is no item which we can choose: two of us rank *A* above *B* so that we cannot choose *B* (either alone or with any other item); two rank *B* above *C* so that we cannot choose *C*; and two rank *C* above *A* so that we cannot choose *A*.

This is no small problem: recall from the discussion of Chapter 1 that to choose no item (as opposed to choosing an item labelled 'nothing' or 'status quo') is meaningless. Majority rule, then, may be vacuous. We must look further if we want a rule which is guaranteed to work at all, let alone to produce rational, or even reasonable, choices.

I shall start with the requirement that the constitution produce reasonable choices. We know that if we require group choices to be reasonable then we cannot also require the strong conditions and anonymity because the only rule which satisfies these is the majority rule, and this is not reasonable. We must, then, relax something. I shall first see what happens if we replace the strong conditions with the weak, then consider what happens if we abandon anonymity. (I shall not even consider abandoning the minimal requirements of the weak conditions.)

To see what happens if we replace the strong conditions with the weak return to the Pareto rule: that the group chooses an item if there is no other item which everyone prefers. As I have noted, this rule obviously satisfies the unanimity requirement. It is equally obvious that it satisfies independence and anonymity. But is it reasonable? Recall from Chapter 2 that choice is reasonable if for some 'at least as good as' relation the items which are chosen are those which are at least as good as every other item (and is rational if this relation is transitive). Under the Pareto rule there is indeed such a relation: one item is better than a second if everyone prefers the first; and if neither item is unanimously preferred to the other then the two are indifferent.

We might note in passing that this relation is not transitive, so that group choice is not rational. To see this return to the Pareto example, the (initial) rankings in which are

You	*Me*	*Monty*
A	*B*	*A*
B	*A*	*C*
C	*C*	*B*

Here we choose both *A* and *B* from *A* and *B*, and both *B* and *C* from *B* and *C*, but *A* alone from *A* and *C*. Thus the 'at least as good as' relation is

A is indifferent to *B*
B is indifferent to *C*
A is better than *C*

which is clearly not transitive.

However, the Pareto rule does produce reasonable choices, and satisfies the conditions. Indeed, the converse is also the case. We have a complete characterization: a constitution which produces reasonable choices satisfies the independence, unanimity, and anonymity conditions if and only if it is the Pareto rule.

To investigate what happens if we abandon the anonymity condition, but retain the strong conditions, I shall introduce the concept of a patriarch. You are a patriarch in some constitution if the group always chooses the items which you rank top of the available items, and chooses these alone unless everyone else ranks some other items top, in which case the group chooses these too. A constitution with a patriarch, who must necessarily be unique, is called *patriarchal*. The next example illustrates such a constitution.

Patriarch example

We choose using a patriarchal rule with you as the patriarch. Our rankings are

You	*Me*	*Monty*
A	*C*	*B*
B	*A*	*C*
C	*B*	*A*

When we have to choose from *A* and *B* we choose *A*, as you rank *A* top and the rest of us do not unanimously rank *B* above *A*; when we have to choose from *B* and *C* we choose *B*, for analogous reasons; when we have to choose from *A* and *C* we choose both *A* and *C*, as you rank *A* top and both I and Montmorency rank *C* above *A*. When we have to choose from the full menu we choose *A*, as you rank *A* top and the rest of us do not unanimously rank any other item top.

Note that in this example group choice is reasonable. The 'at least as good as' relation is

A is better than *B*
B is better than *C*
A is indifferent to *C*

However, this relation is not transitive, so again group choice is not rational. In general, the choices specified by patriarchal rules may be reasonable, but cannot be guaranteed to be rational.

We can now say what happens if we retain the strong conditions. The picture is bleak: any constitution which produces reasonable choices and which satisfies the neutrality and responsiveness conditions must be patriarchal.

If we require group choice to be reasonable, as surely we must, we have little leeway. If we want to retain anonymity (and the weak conditions) we have only the Pareto rule; if we want to retain the strong conditions we have only a patriarchal rule. The Pareto rule is unobjectionable as far as it goes, but it does not go very far: other than in the unlikely event of everyone agreeing it will always choose both items from a pair, which is not an enormous help. Patriarchal rules, on the other hand, go a long way: they will almost always choose just one item. But, if you were not the patriarch, would you want to live under such a rule?

Rational constitutions

I now consider what happens if we strengthen the requirement that the group choice be reasonable to the requirement that it be rational. If we are to satisfy this stronger requirement then we shall have to relax one or both of the strong conditions. This is because the only constitutions which satisfy the strong conditions and produce reasonable choices, that is, patriarchal ones, cannot be guaranteed to produce rational choices. I shall go the whole way and replace both the strong conditions with the weak: this leaves us with the absolute minimal requirements for an acceptable constitution.

To investigate what happens in this case I shall introduce the concept of a dictator. You are a dictator under some constitution if the group always chooses precisely the items which you rank top of the available items. A constitution with a dictator, who must necessarily be unique, is called *dictatorial*. It is clear that a dictator is a patriarch, but a patriarch may not be a dictator. An obvious example of a dictatorial constitution is that where group choices are always the same as your choices: as you are rational this rule produces rational choices.

We can now say what happens if we require only the minimalist weak conditions. The picture is even bleaker: any constitution which produces rational choices and which satisfies the independence and unanimity conditions must be dictatorial.

This result is known as Arrow's impossibility theorem, after Kenneth Arrow (born 1921), the Nobel prize-winning economist and philosopher. (It is called an impossibility theorem because it can be interpreted as saying that it is impossible to have all of the four properties: rationality, independence, unanimity, and non-dictatorship.) It is one of the most fundamental, and disturbing, results in choice theory. It implies, for example, that all talk of 'the national interest' is empty (other than in the unlikely event that everyone agrees, in which case it is redundant).

The connections between the impossibility theorem and the other concepts developed in this chapter are illustrated in the figure.

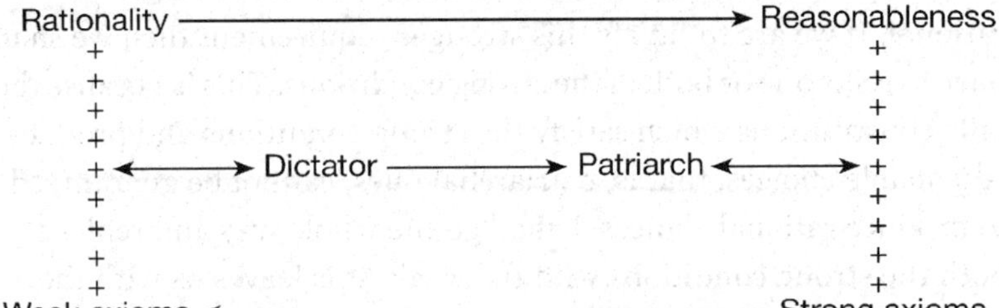

15. A map of group choice: plus signs represent combinations, double arrows represent equivalence, and single arrows represent implications

Because of the central role of the impossibility theorem, and also to demonstrate the type of argument which is used in choice theory, I shall, just this once, give a proof. If this is of no interest then you may safely omit it and go to the end of this section.

The proof has four stages. The strategy is to assume rationality, independence (this only implicitly), unanimity, and non-dictatorship and then show that a contradiction ensues; the contradiction implies that it is impossible to have all of these properties.

First, I shall define a set of people contained in the group to be *effective* over a pair of items if the group chooses the first alone from this pair whenever everyone in the set prefers the first and everyone else prefers the second. I shall show that if a set is effective over one pair then it is effective over all pairs. Assume that some set is effective over the pair *U* and *V* and consider the following rankings of four items by everyone in the set and everyone else:

Set	*Else*
X	*V*
U	*Y*
V	*X*
Y	*U*

Now the group chooses *X* alone from *X* and *U* because of unanimity; it chooses *U* alone from *U* and *V* because the set is effective over this pair; and it chooses *V* alone from *V* and *Y* because of unanimity. Then it chooses *X* alone from *X* and *Y* because choice is rational. Since everyone in the set prefers *X* to *Y* and everyone else prefers *Y* to *X* this means that the set is effective over *X* and *Y*. As *X* and *Y* are arbitrary the set is effective over all pairs.

Second, I shall define a set of people contained in the group to be *decisive* if, for all pairs of items, the group chooses the first item alone from a pair whenever everyone in the set prefers the first (regardless of the preferences of everyone else). I shall show that if a set is effective (over any pair) then it is decisive. Assume that some set is effective and consider the following rankings of three items by everyone in the set and everyone else:

Set	*Else*
X	*Y*
Y	*X\Z*
Z	

where *X\Z* means that *X* and *Z* may be ranked in any way. Now the group chooses *X* alone from *X* and *Y* because the set is effective; and it chooses *Y* alone from *Y* and *Z* because of unanimity. Then it chooses *X* alone from *X* and *Z* because choice is rational. Since everyone in the set prefers *X* to *Z* and everyone else may have any preferences between *X* and *Z* the set is decisive.

Third, I shall show that, if a set of people is not decisive, then adding another person to the set does not make it so. Because a set containing only one person cannot be decisive, or that person would be a dictator, there are some non-decisive sets. Choose some such set and some individual not in this set and consider the following rankings of three items by everyone in this set, the individual, and everyone else:

Set	*Indiv*	*Else*
X	*Z*	*Y*
Y	*X*	*Z*
Z	*Y*	*X*

Now the group cannot choose *Z* alone from *Y* and *Z* because the individual is not decisive, so that it chooses *Y*, not necessarily alone, from *Y* and *Z*; and it cannot choose *X* alone from *X* and *Z* because the set is not decisive, so that it chooses *Z*, not necessarily alone, from *X* and *Z*. Then it chooses *Y*, not necessarily alone, from *X* and *Y* because choice is rational. Since everyone in the enlarged set formed by adding the individual to the original set prefers X to Y the large set is not decisive.

Finally, I show the contradiction. If we add an individual to non-decisive sets sufficiently many times we have, as a non-decisive set, the entire group. But the entire group must be decisive because of unanimity. This contradiction implies that it is impossible to have all of the four properties: rationality, independence, unanimity, and non-dictatorship. The proof is complete.

Some extensions

The most obvious criticism of the impossibility theorem is that it allows no role for 'intensities of preference': my preferring X to Y counts as much as your preferring Y to X even though having X means next to nothing to me but having Y is a matter of life or death to you. This is a consequence of the independence condition, that the group choice between two items X and Y depends only on individuals' preferences between X and Y. This condition has two components: first, that the group choice does not depend on individuals' rankings between either X or Y and some third item; and second, that it does not depend on any aspect of individuals' attitudes to X and Y other than their rankings, and, in particular, does not depend on any intensities of their preferences, or utilities.

We have already encountered the main justification for the first component in the context of the Borda example. In that example the choice between two items was seen to depend on what, besides these two, was on the full menu. But what is on the full menu is an arbitrary matter. Do we include travel by donkey if we are not sure whether any donkeys are available? Do we include travel using a technology yet to be developed? If so, how do we specify all the undeveloped technologies?

On the face of it, the second component seems unimportant: we know from Chapter 2 that preferences and utilities are interchangeable. Not surprisingly, the impossibility theorem continues to apply if we reinterpret it in terms of utilities without further restriction. But it would not apply if we could restrict utilities in some way which would make your and my utilities both measurable in some sense and comparable with each other, that is, if we could take account of intensities of preference. For example, the constitution could then specify that the group choose the item which maximizes total utility. It is easy to see that this choice would be rational, satisfy the unanimity condition and the first component of the independence condition, and be non-dictatorial. This approach to group choice is known as utilitarianism: 'the greatest happiness to the greatest number'. It was first proposed by the philosopher Jeremy Bentham (1748–1832). I shall return to this approach in the context of distributive justice.

The impossibility theorem is not the only disturbing result in the field of group choice. I shall briefly present two others. These involve liberalism and manipulation.

Liberalism implies that each of us should have some protected sphere. For example, whether you want to read Hume or Kant on the journey, provided that you promise not to discuss your reading with the rest of us, should be up to you. Let us replace the three menu items Air, Boat, and Car with the six items

Air and you read Hume
Air and you read Kant
Boat and you read Hume
Boat and you read Kant
Car and you read Hume
Car and you read Kant

Liberalism would imply that the choice between 'Air and you read Hume' (*AH*) and 'Air and you read Kant' (*AK*) should be up to you. More precisely, it would imply that you are decisive over such pairs, that is, that the group choice between *AH* and *AK* is *AH* if you prefer

AH, and *AK* if you prefer *AK*, with analogous requirements for choices between other relevant pairs. As a minimum, liberalism would give at least two people a protected sphere. (Note that even under dictatorship one person has a protected sphere.) I shall, then, say that a constitution satisfies the *liberalism condition* if there are at least two people who are decisive over at least one pair of items each. This is indeed minimal: only the smallest meaningful number of people is required to have a protected sphere, and each of their spheres is as small as spheres come.

The disturbing result is that liberalism is inconsistent with almost anything: there is no constitution which produces reasonable choices and which satisfies the unanimity and liberalism conditions. Note that only reasonableness, not rationality, is assumed, and that only one of the two weak conditions is required.

The second disturbing result is more practical in nature. It is well known that people may vote strategically in elections. That is, even if they prefer the left to the centre they may vote for the centre to keep the right out. Is such manipulation something to do with the particular electoral process, or is it more pervasive? Recall that a constitution is a specification of the way in which members' preferences determine the group's choices. Now that the possibility of manipulation arises we need an analogous concept. A *voting scheme* is a specification of the way in which members' reported preferences determine the group's choices; these reported preferences may or may not be truthful. A voting scheme is *manipulable* if, for some pattern of true preferences, there is at least one person who can obtain a better menu item by reporting preferences which differ from his true preferences when everyone else reports their true preferences. (Equivalently, a voting scheme is manipulable if everyone reporting their true preferences is not sustainable, in the sense developed in Chapter 5.)

The disturbing result is that effectively all voting schemes are manipulable: to be precise, every non-dictatorial voting scheme is manipulable. Note that not even the weak conditions are required: voting processes are inherently flawed.

All collective choices, then, must either be dictatorial or violate some very basic requirements; must be illiberal in the extreme; and must be open to manipulation. How should we respond to these bleak results? A libertarian response would be to make as many choices as possible individually, and choose collectively only when this is unavoidable. An authoritarian response would be to delegate power to a paternalistic dictator, a Platonic 'philosopher king'. A third response would be to concentrate on what is 'right', which does not depend on people's views, rather than what is 'good', which does. But these are just three possible responses. You should, as ever, formulate your own.

I shall conclude this section by noting that the formal framework of group choice can also be used to explore some aspects of individual choice. Suppose that you are to choose an occupation: Architect, Banker, or Cleric. There are various qualities which you look for in an occupation: income, flexibility, and satisfaction. You rank the possible occupations by their desirability according to each quality: for example,

Inc	*Flex*	*Sat*
B	*C*	*C*
A	*A*	*A*
C	*B*	*B*

You feel that your choice should satisfy two requirements. The first is that your choice between any two occupations should depend only on the various rankings of these two (the analogue of the independence condition). The second is that if one occupation is ranked above a second according to all qualities then you should choose the first (the analogue of the unanimity condition). Then the impossibility theorem tells us that if you choose rationally you will have to ignore all but one of the qualities (the analogue of dictatorship). Again, this is not a pleasing result.

Some further extensions

Nothing significant changes in a formal sense if time enters the picture. However, as regards interpretation, the introduction of time allows the possibility of a rotating dictator. The impossibility theorem tells us that the only constitution which produces rational choices and which satisfies the independence and unanimity conditions is that of dictatorship. But what is wrong with dictatorship? It is that the dictator can oppress everyone else. But what would happen if the dictator rotated indefinitely: if you were dictator today, I tomorrow, and so forth? You would be wary of oppressing me because you would know that I might later oppress you, and so forth. The folk theorem presented in Chapter 5 applies. In the context of strategic choice the folk theorem tells us that indefinite repetition turns competition into cooperation; in the context of group choice it tells us that indefinite rotation turns oppressive dictatorship into benevolent dictatorship. An example of such rotation is to be found in the constitution of the European Union, which specifies that the president, who has, in effect, dictatorial powers over the agenda, rotates according to a predetermined six-monthly cycle. Note that rotation is not a possibility in democracy: there are many possible dictators but only one possible majority. Under democracy it will always be in the interest of the majority to oppress the minority. An example here is to be found in bans on country sports.

I now return to the subplot of the distribution of wealth. We can, in a formal sense, express the question of distributive justice in the framework of group choice by interpreting the various menu items as different distributions of wealth. However, as a matter of interpretation, this involves some confusion between people's preferences and their values. Your preference may be to maximize your own wealth; your values may say that wealth should be distributed evenly. Group choices reflect people's preferences; distributive justice might be expected to reflect, if anything, people's values. However, if we do interpret the question of distributive justice in this way then the impossibility theorem tells us that there is no acceptable way to choose between different distributions: redistribution cannot be justified.

Whether or not we set the question of distributive justice in the framework of group choice there is clearly a connection between the two. As I have noted, the impossibility theorem would not apply if we could make use of utilities which were both measurable in some sense and interpersonally comparable. And, as we have seen repeatedly in earlier chapters, arguments in favour of redistribution rely, implicitly or explicitly, on utilities being measurable and comparable: we should redistribute from you to me because I am 'worse off' than you (Rawls's difference principle, encountered in Chapter 4) or because I would 'gain' more than you would 'lose' (Bentham's utilitarianism). As the economist Kenneth Binmore (born 1940) points out:

> If it were true that interpersonal comparisons of utility could not be made, I believe that there would be no point in writing a book about rational ethics. As Hammond, Harsanyi, and many others insist, ethics would then be a subject without substantive content.

Perhaps the most coherent attempt to derive measurable and interpersonally comparable utilities is the *ideal observer construction*; this is due to John Harsanyi, whom we encountered in Chapter 5. Imagine yourself behind the veil of ignorance introduced in Chapter 4, that is, in the 'original position'. You know what items are on the menu, but you do not know which role you will find yourself in. For example, you know that the group can choose to travel by Air, Boat, or Car, but you do not know whether you will be yourself, or me, or Montmorency. Behind the veil you have preferences over *item–role pairs*, that is, over conjunctions of items and roles. This means that you can compare 'Air travel while being yourself' (or *AY*) with 'Boat travel while being me' (or *BX*), and so forth: you may prefer *AY* to *BX*, or *BX* to *AY*, or be indifferent between the two. These preferences are your *empathetic preferences*. They are not the same as your personal preferences, which simply compare Air travel with Boat travel, and so forth.

Although you do not know which role you will occupy you do know what the possibilities are. Then, being rational in the sense discussed in Chapter 3, you assign probabilities to roles and cardinal utilities, representing your empathetic preferences, to item–role pairs. For example, you might assign cardinal utilities as follows:

AY 4
AX 2
BY 1
BX 0

We can interpret the excess of the utility which you assign to *AY* over that which you assign to *BY* as the extra utility for you of a change from Boat travel to Air travel, and so forth. In this case, the extra utility for you of a change from Boat travel to Air travel (which is 3) is greater than that for me (which is 2). This might reflect, for example, the fact that you suffer from sea-sickness but I do not. Further, as we know from the discussion of Chapter 3, the extra utility for you is greater than that for me however you assign cardinal utilities. It seems, then, that we have been able to compare your utility with mine in a way which makes sense.

However, we are not there yet. The interpersonal utility comparison we have made is your comparison: it is derived from your empathetic preferences. Montmorency's comparison might be entirely different: based on his empathetic preferences, the extra utility for you might be less than that for me. To overcome this problem we must resort to the Harsanyi doctrine, which we encountered in Chapter 5. This doctrine claims that two people with the same information and experiences will necessarily act in the same way. Behind the veil you and I have the same information, and are stripped of all experience. Accordingly, we have the same empathetic preferences, and thus make the same interpersonal comparisons. At last, we can compare your utility with mine in a way which makes sense. We can use this information to escape from the bonds of the impossibility theorem; and we may also be able to use it to justify the redistribution of wealth.

More precisely, we can say that total utility will be increased by a redistribution from those with a low marginal utility of wealth, usually taken to be the rich, to those with a high one, usually taken to be the poor, in the case where total wealth does not change as a result of this redistribution. (Whether this is provides any ethical justification is a separate matter.) However, we cannot as yet say anything about the more interesting case in which different distributions involve different totals, which would be the case if distributions have come about in some way which requires our participation and some distributions give greater incentives to participate than others. To say something about this case we must take the story further.

We must make two further assumptions. The first is that you consider each role to be equally likely. This implies that, if there are n roles, the probability which you assign to each is $1/n$. The second assumption is known as the *principle of acceptance*. This is that your empathetic preferences over those item–role pairs in which your role is that of me are the same as my personal preferences over the corresponding items: for example, you prefer AX to BX if and only if I prefer A to B.

Then behind the veil of ignorance you choose rationally in the sense developed in Chapter 3: you choose the item which maximizes your expected utility. In calculating this the relevant probabilities are the probabilities assigned to each role, and the relevant utilities are the utilities assigned to each item–role pair under the common empathetic preferences. Because of the first assumption these probabilities are all $1/n$. Because of the second assumption we can replace these utilities with the utilities assigned to each item under the personal preferences of the person in the relevant role. Then maximizing expected utility means maximizing total (personal) utility multiplied by $1/n$, which is the same as maximizing total utility. This is utilitarianism: wealth should be redistributed so as to maximize total utility.

An immediate criticism of this construction is that choices are observable, at least in principle, but preferences are not: you determine your preference between two items by asking yourself which of the two you would choose. It is not clear how you would, even as a thought experiment, choose between 'Air travel while being yourself' and 'Boat travel while being me'. Related to this, the Harsanyi doctrine is hard to justify. Why can you not prefer Air travel to Boat travel (for example, because it creates more employment) whatever your role, and I prefer Boat travel to Air travel (for example, because it causes less pollution) whatever mine?

We might also note that, even if redistribution from those with a low marginal utility of wealth to those with a high one were justified, this would not of itself justify redistribution from the rich to the poor. If the rich had a higher marginal utility (for example, because of an obsessive desire for luxuries, or, like Renton, an addictive need for heroin) this would require redistribution from the poor to the rich.

Further, even if the construction were sound, it would address what people choose, and possibly what is 'good', but not what is 'right'. The fact, if it were one, that it would increase utility does not of itself provide any ethical justification for taking from you to give to me. An alternative position is that which we encountered in Chapter 4: that a distribution is just if it is the result of voluntary actions, and for no other reason.

Binmore, who, as we have seen, is a supporter of the aims of the ideal observer construction, after a closer examination of this concludes that

> We have no choice but to rely on some measure of consensus already existing in the society under study if a common standard for comparing utilities across individuals is to be available. Harsanyi's brave attempt to argue that the circumstances of the original position create such a standard seems to me to lack all conviction when closely examined.

If there is 'some measure of consensus already existing in the society' then there is little need for interpersonal comparisons; if there is not, then the ideal observer construction seems to be of little help in justifying such comparisons. (We might note in passing that if Binmore is correct on both counts then 'ethics [is] a subject without substantive content'.)

You must take your own view of the ideal observer argument. If you are happy with it then the impossibility theorem loses its grip; also, redistribution becomes justifiable. If you are not prepared to swallow it then either you must find a better argument to justify interpersonal comparisons or accept the impossibility theorem and forget about redistribution.

Finally, note that the discussion of distributive justice in this book has concerned only the question of whether choice theory can provide any justification for redistribution. The fact that the theory offers little support for redistribution does not imply that there are no other arguments which might provide support (although, in fact, most serious attempts to justify redistribution have been grounded in choice theory). Further, the discussion in this book concerns only compulsory redistribution: it says nothing whatsoever about voluntary redistribution. To return to our starting point in Chapter 1, 'it is not contrary to reason for me to chuse my total ruin to prevent the least uneasiness of an Indian'.

Summary

Group choice examines the properties of constitutions, that is, the ways in which members' preferences are taken account of in determining group choices.

The independence condition requires that the group choice between two items does not change in response to any change of an individual's preferences which leaves his ranking of these two items unchanged.

The neutrality condition requires that if everyone ranks the items *U* and *V* in the same way as they rank the items *X* and *Y*, and the group chooses *U* from the first pair, then it chooses *X* from the second.

The unanimity condition requires that if everyone prefers one item to a second then the group chooses the first alone from the pair.

The responsiveness condition requires that (*a*) there is some pattern of preferences under which each item is chosen, and (*b*) if one item moves up relative to a second item in one person's ranking while no one else's ranking changes then if the group originally chose the first item it continues to choose it, and if it originally chose both items it now chooses the first alone.

The neutrality condition is stronger than the independence condition; and the responsiveness condition is stronger than the unanimity condition.

A constitution is patriarchal if the group always chooses the items which some specified individual (the patriarch) ranks top of the available items, and chooses these alone unless everyone else ranks some other items top, in which case the group chooses these too.

Any constitution which produces reasonable choices and which satisfies the neutrality and responsiveness conditions must be patriarchal.

A constitution is dictatorial if the group always chooses precisely the items which some specified individual (the dictator) ranks top of the available items.

Any constitution which produces rational choices and which satisfies the independence and unanimity conditions must be dictatorial.

Glossary

alphabetical rule: menu items are ranked in alphabetical order and the group chooses the item ranked top of the available items.

anonymity condition: this requires that if two people exchange their rankings then the group choice remains unchanged.

best response: your best response to some given probabilities over my potential actions is the action which maximizes your expected utility given these probabilities.

Borda rule: each person gives as a score to each item on the full menu the number of items which he consider to be worse than that item; these scores are added up and the group chooses the item with the highest total score.

cardinal utility: utility used in the expected utility property; equivalently, utility which retains its representational property only when transformed in a linear way.

certainty equivalent: the certainty equivalent of a money gamble is the amount of money which, if you had it with certainty, you would consider indifferent to the gamble.

compound gamble: a gamble whose prizes are also gambles.

constitution: a constitution for a group specifies the way in which members' preferences are taken account of in determining the group's choices.

continuity condition: this requires that if you prefer one gamble to a second and the second to a third then there is some mixture of the first and third which you consider indifferent to the second.

contraction condition: this requires that if you choose some item from a menu and this item remains available in a more restricted menu then you also choose it from the restricted menu.

decisive: a set of people contained in a group is decisive if, for all pairs of items, the group chooses the first item alone from a pair whenever everyone in the set prefers the first (regardless of the preferences of everyone else).

degenerate gamble: a gamble with only one (definite) prize.

dictatorial: a constitution is dictatorial if the group always chooses precisely the items which some specified individual (the dictator) ranks top of the available items.

distributive justice: the principles which determine what is a good, or right, distribution of wealth; for example, the principle that inequalities should be minimized, or, alternatively, that the distribution of wealth should be whatever emerges from voluntary actions.

effective: a set of people contained in a group is effective over a pair of items if the group chooses the first alone from this pair whenever everyone in the set prefers the first and everyone else prefers the second.

empathetic preferences: preferences over item–role pairs.

expansion condition: this requires that if you choose some item in pairwise choices with every other item on the menu then you choose it, though not necessarily it alone, from the full menu.

expected utility: the expected utility of a gamble is obtained by multiplying the utility of each prize by the probability associated with that prize and adding these numbers.

expected utility property: preferences over gambles have the expected utility property if you prefer one gamble to a second if and only if it has a higher expected utility.

expected value: the expected value of a money gamble is obtained by multiplying each prize by its probability and adding the resulting numbers.

explained by a preference ordering: your choice is explained by a preference ordering if it is explained by a preference relation which is transitive.

explained by a preference relation: your choice is explained by a preference relation if, for some 'at least as good as' relation, the items which you choose from a menu are precisely those which are at least as good as every other item on the menu.

fair: a gamble is fair if its expected value is zero.

group: a group is a collection of at least three people.

Harsanyi doctrine: the claim that two people with the same information and experiences will necessarily act in the same way.

ideal observer construction: imaginary choice from behind the veil of ignorance, knowing what items are on the menu and what roles exist but not knowing which role you will find yourself in.

impartiality condition: this requires that if you prefer one gamble to another in one state then you prefer it in all states.

independence condition: this requires that the group choice between two items does not change in response to any change of an individual's preferences which leaves his ranking of these two items unchanged.

item–role pairs: conjunctions of items and roles.

iteratively undominated: your action is iteratively undominated if it is not dominated by any actions of mine which are not dominated by any actions of yours which are not dominated by any actions of mine which are not dominated by any actions of yours . . .

liberalism condition: this requires that there are at least two people who are decisive over at least one pair of items each.

linear: utilities are transformed in a linear way when they are multiplied (or divided) by any positive number or when any number is added to (or subtracted from) them.

majority rule: the group chooses an item if at least as many people rank it top of the available items as rank any other specific item top.

manipulable: a voting scheme is manipulable if, for some pattern of true preferences, there is at least one person who can obtain a better menu item by reporting preferences which differ from his true preferences when everyone else reports their true preferences.

marginal utility: the extra utility assigned to an extra unit of wealth.

menu: a list of items from which choice must be made, set out in such a way that something must be chosen.

mixture: a mixture of the gambles *X* and *Y* is a gamble whose prizes are all the prizes of *X* and *Y*; the probabilities associated with the prizes of *X* are their original probabilities multiplied by the weight of *X* in the mixture, and similarly for those of *Y*.

more risk averse: you are more risk averse than me if I would accept any gamble which you would accept but not conversely.

neutrality condition: this requires that if everyone ranks the items *U* and *V* in the same way as they rank the items *X* and *Y*, and the group chooses *U* from the first pair, then it chooses *X* from the second.

ordinal utility: utility which retains its representational property when transformed in any increasing way.

pairwise: you choose an item in a pairwise choice with a second if you choose the first, not necessarily alone, when your menu consists of just these two items.

Pareto rule: the group chooses an item if there is no other item which everyone prefers.

patriarchal: a constitution is patriarchal if the group always chooses the items which some specified individual (the patriarch) ranks top of the available items, and chooses these alone unless everyone else ranks some other items top, in which case the group chooses these too.

payoff matrix: a matrix the rows of which correspond to your possible actions and the columns to mine; the entry for each row and column is the outcome, in the format of your utility followed by mine, if you choose the row action and I the column.

plausible responses: your plausible responses to my potential actions are your best responses to some probabilities over these.

potential actions: your potential actions are all the actions which you might choose.

preference ordering: a preference relation which is transitive.

preference relation: a specification of, for any two items on a menu, whether the first is at least as good as the second, or the second is at least as good as the first (or both).

preferences: preference orderings.

principle of acceptance: the claim that your empathetic preferences over those item–role pairs in which your role is that of me are the same as my personal preferences over the corresponding items.

probability: the probability of an outcome is a number, in the range 0 to 1, which quantifies how likely the outcome is.

probability gamble: a list of possible prizes with a probability attached to each.

rational (action): your action is rational if it is a plausible response to my plausible responses to your plausible responses to my plausible responses . . .

rational (choice): your choice (under certainty) is rational if it satisfies the revelation condition.

rational (preferences): your preferences over gambles are rational if they satisfy the substitution and continuity conditions.

reasonable: choice is reasonable if it satisfies the contraction and expansion conditions.

responsiveness condition: this requires that (*a*) there is some pattern of preferences under which each item is chosen, and (*b*) if one item moves up relative to a second item in one person's ranking while no one else's ranking changes then if the group originally chose the first item it continues to choose it, and if it originally chose both items it now chooses the first alone.

revelation condition: this requires that if you ever choose one item when a second item is available then whenever you choose the second and the first is available you also choose the first.

risk averse: you are risk averse with respect to a gamble if you prefer the expected value of the gamble with certainty to the gamble itself.

risk aversion measure: your risk aversion measure at some level of wealth is the proportionate rate of decrease of the slope of the graph of your utility schedule at this level.

risk premium: the risk premium for a gamble is its expected value minus its certainty equivalent.

riskier: one fair gamble is riskier than a second if the first is equivalent to the second with one or more fair gambles added; in general, one gamble is riskier than a second if the risky part (which is a fair gamble) of the first is riskier than that of the second.

risky part: the risky part of a gamble is the gamble with all its prizes reduced by its expected value.

state: a specification of everything which is relevant to your choice and about which you are uncertain.

state gamble: a list of possible prizes with, for each, a specification of the state in which it will be received.

state-dependent subjective expected utility: the state-dependent subjective expected utility of a gamble is obtained by multiplying the utility of each prize in the state in which it is received by the subjective probability associated with that state and adding these numbers.

state-dependent subjective expected utility property: preferences over gambles have the state-dependent subjective expected utility property if you prefer one gamble to a second if and only if it has a higher state-dependent subjective expected utility.

strong conditions: the neutrality and responsiveness conditions.

subjective expected utility: the subjective expected utility of a gamble is obtained by multiplying the utility of each prize by the subjective probability associated with the state in which it is received and adding these numbers.

subjective expected utility property: preferences over gambles have the (full) subjective expected utility property if you prefer one gamble to a second if and only if it has a higher (state-independent) subjective expected utility.

substitution condition: this requires that if you prefer one gamble to a second then you prefer any mixture of the first gamble and some third gamble to a mixture of the second gamble and the third with the same weights.

sustainable: a pair of actions, one for you and one for me, is jointly sustainable if your action is your best response to mine and mine is my best response to yours.

transitive: an 'at least as good as' relation is transitive if when *X* is at least as good as *Y*, and *Y* is at least as good as *Z*, then *X* is at least as good as *Z*.

unanimity condition: this requires that if everyone prefers one item to a second then the group chooses the first alone from the pair.

undominated: your action is undominated if there is no other action which gives you a higher (expected) utility whatever action (or combination of actions) I choose.

utility: utilities are numbers assigned to items in such a way that one item has a greater utility than a second if and only if the first is better than the second.

utility maximizing: your choice is utility maximizing if, for some assignment of utilities, the items which you choose are precisely those whose utility is at least as great as that of every other item.

utility schedule: a utility schedule for wealth assigns a utility to each level of wealth.

veil of ignorance: the veil of ignorance represents a pretended lack of knowledge about facts which are already determined, in particular, which position or role you occupy.

veil of uncertainty: the veil of uncertainty represents a real lack of knowledge about events which are yet to occur, such as what your wealth will be.

voting scheme: a voting scheme for a group specifies the way in which members' reported (but not necessarily true) preferences are taken account of in determining the group's choices.

weak conditions: the independence and unanimity conditions.

Further reading

Non-technical overviews of choice theory are provided by Elster and by Hargreaves Heap *et al.*; an overview of the subplot of distributive justice is provided by Roemer. Further reading relating to individual chapters is given below.

Preface

The Einstein quotation is from pp. ix–x.

Chapter 1

The concept of rational choice begins with Aristotle; the origin of its more formal treatment may be ascribed, more arbitrarily, to Robbins. The *Trainspotting* quotations are from pp. 3–5 and from p. 106 of Hodge (with each occurrence of 'fucking' omitted); the Aristotle quotations are from p. 139; and the Hume quotations are from pp. 266–7 (with abbreviations completed and emphasis omitted).

Chapter 2

The formal treatment of choice under certainty originates with Samuelson. Proofs of all the claims made in the main discussion may be found in Fishburn (chapters 2 and 3) or in Suzumura (chapter 2).

Chapter 3

The formal treatment of choice where probabilities are given originates with von Neumann and Morgenstern; that where probabilities must be inferred originates with Savage, or, in the framework employed in this chapter, with Anscombe and Aumann. The Nozick quotation is from *Socratic Puzzles*, p. 48. Proofs of all the claims made in the main discussion may be found in Fishburn (chapters 8 and 12) or in Kreps (chapters 5 and 7); those relating to the case where probabilities are not given involve some serious mathematics.

Chapter 4

The formal treatment of risk aversion originates with Pratt. The Rawls quotation is from p. 62; and the Nozick quotation is from *Anarchy*, pp. 149–50 (with emphasis omitted). Proofs of all the claims made in the main discussion may be found in Arrow's *Essays* (chapter 3) or in Kreps (chapter 6); those relating to the measure of risk aversion involve some serious mathematics.

Chapter 5

The formal treatment of individual rationality in a strategic setting originates with Bernheim and with Pearce; that of jointly sustainable choice in such a setting originates with Nash. The Hume quotation is from pp. 334–5 (with abbreviations completed). Proofs of all the claims made in the main discussion may be found in Fudenberg and Tirole (chapters 1 and 2) or in Osborne and Rubinstein (chapters 2 and 4); those relating to the equivalence between strategic rationality and freedom from iterative dominance, and to the existence of mixed strategy equilibria, involve some serious mathematics.

Chapter 6

The formal treatment of group choice originates with Arrow's *Social Choice*. The Binmore quotations are from pp. 283 and 300 (with references and emphasis omitted). The proof of the impossibility theorem follows that of Allingham, pp. 23–5. Proofs of all the claims made in the main discussion may be found in Sen (chapters 3*–6*) or in Suzumura (chapters 3–7).

References

M. Allingham, *Value* (Macmillan, 1983).

F. J. Anscombe and R. J. Aumann, 'A Definition of Subjective Probability', *Annals of Mathematical Statistics*, 34 (1963), 199–205.

Aristotle, *The Nicomachean Ethics*, tr. D. Ross, rev. J. L. Ackrill and J. O. Urmson (Oxford University Press, 1998).

K. J. Arrow, *Essays in the Theory of Risk Bearing* (North Holland, 1974).

— *Social Choice and Individual Values* (Wiley, 1951).

B. D. Bernheim, 'Rationalizable Strategic Behavior', *Econometrica*, 52 (1984), 1007–28.

K. G. Binmore, *Playing Fair* (MIT Press, 1994).

A. Einstein, *Relativity*, tr. R. W. Lawson (Routledge, 2001).

J. Elster (ed.), *Rational Choice* (Blackwell, 1986).

P. C. Fishburn, *Utility Theory for Decision Making* (Wiley, 1970).

J. Fudenberg and J. Tirole, *Game Theory* (MIT Press, 1991).

S. Hargreaves Heap, M. Hollis, B. Lyons, R. Sugden, and A. Weale, *The Theory of Choice: A Critical Guide* (Blackwell, 1992).

J. Hodge, *Trainspotting* (Faber & Faber, 1996).

D. Hume, *A Treatise of Human Nature*, ed. D. F. and M. J. Norton (Oxford University Press, 2000).

D. M. Kreps, *Notes on the Theory of Choice* (Westview, 1988).

J. F. Nash, 'Non-cooperative Games', *Annals of Mathematics*, 54 (1951), 286–95.

J. von Neumann and O. Morgenstern, *The Theory of Games and Economic Behavior* (Princeton University Press, 1944).

R. Nozick, *Anarchy, State, and Utopia* (Basil Blackwell, 1974).

—— *Socratic Puzzles* (Harvard University Press, 1997).

M. J. Osborne and A. Rubinstein, *A Course in Game Theory* (MIT Press, 1994).

D. G. Pearce, 'Rationalizable Strategic Behavior and the Problem of Perfection', *Econometrica*, 52 (1984), 1029–50.

R. W. Pratt, 'Risk Aversion in the Small and in the Large', *Econometrica*, 32 (1964), 122–36.

J. Rawls, *A Theory of Justice* (Oxford University Press, 1972).

L. Robbins, *An Essay on the Nature and Significance of Economic Science* (Macmillan, 1932).

J. E. Roemer, *Theories of Distributive Justice* (Harvard University Press, 1996).

P. A. Samuelson, *Foundations of Economic Analysis* (Harvard University Press, 1947).

L. J. Savage, *Foundations of Statistics* (Wiley, 1954).

A. K. Sen, *Collective Choice and Social Welfare* (Oliver & Boyd, 1970).

K. Suzumura, *Rational Choice, Collective Decisions, and Social Welfare* (Cambridge University Press, 1983).

“牛津通识读本”已出书目

古典哲学的趣味
人生的意义
文学理论入门
大众经济学
历史之源
设计，无处不在
生活中的心理学
政治的历史与边界
哲学的思与惑
资本主义
美国总统制
海德格尔
我们时代的伦理学
卡夫卡是谁
考古学的过去与未来
天文学简史
社会学的意识
康德
尼采
亚里士多德的世界
西方艺术新论
全球化面面观
简明逻辑学
法哲学：价值与事实
政治哲学与幸福根基
选择理论
后殖民主义与世界格局
福柯
缤纷的语言学
达达和超现实主义
佛学概论
维特根斯坦与哲学
科学哲学
印度哲学祛魅
克尔凯郭尔
科学革命
广告
数学
叔本华
笛卡尔
基督教神学
犹太人与犹太教
现代日本
罗兰·巴特
马基雅维里
全球经济史
进化
性存在
量子理论
牛顿新传
国际移民
哈贝马斯
医学伦理
黑格尔
地球
记忆
法律
中国文学
托克维尔
休谟
分子
法国大革命
民族主义
科幻作品
罗素
美国政党与选举
美国最高法院
纪录片
大萧条与罗斯福新政
领导力
无神论
罗马共和国
美国国会
民主
英格兰文学
现代主义
网络
自闭症
德里达
浪漫主义
批判理论

德国文学
戏剧
腐败
医事法
癌症
植物
法语文学
微观经济学
湖泊
拜占庭
司法心理学
发展
农业
特洛伊战争
巴比伦尼亚
河流
战争与技术
儿童心理学
时装
现代拉丁美洲文学
卢梭
隐私
电影音乐
抑郁症
传染病
希腊化时代
知识
环境伦理学
美国革命
元素周期表
人口学
社会心理学
动物
电影
俄罗斯文学
古典文学
大数据
洛克
幸福
免疫系统
银行学
景观设计学
神圣罗马帝国
大流行病
亚历山大大帝
气候
第二次世界大战
中世纪
工业革命